持续赢利

SUSTAINED PROFITABILITY DNA

胡福庭 著

中国财富出版社

图书在版编目（CIP）数据

持续赢利 DNA / 胡福庭著. —北京：中国财富出版社，2016.9

ISBN 978-7-5047-6179-8

Ⅰ.①持… Ⅱ.①胡… Ⅲ.①企业改革—研究 Ⅳ.①F271

中国版本图书馆 CIP 数据核字（2016）第 142406 号

策划编辑 郑欣怡 **责任编辑** 张 茜

责任印制 方朋远 **责任校对** 梁 凡 张营营 **责任发行** 敬 东

出版发行 中国财富出版社

社　　址 北京市丰台区南四环西路 188 号 5 区 20 楼 **邮政编码** 100070

电　　话 010-52227568（发行部） 010-52227588 转 307（总编室）

010-68589540（读者服务部） 010-52227588 转 305（质检部）

网　　址 http://www.cfpress.com.cn

经　　销 新华书店

印　　刷 北京京都六环印刷厂

书　　号 ISBN 978-7-5047-6179-8/F·2616

开　　本 880mm×1230mm 1/32 **版　　次** 2016 年 9 月第 1 版

印　　张 8.625 **印　　次** 2016 年 9 月第 1 次印刷

字　　数 200 千字 **定　　价** 68.00 元

序

持续赢利 DNA（遗传因子），从这里开始

2016 年 1 月 15 日，华为召开“铁血荣光，决胜疆场”的市场颁奖典礼，在典礼上高调宣布：“华为 2016 年挑战 818 亿美元的销售目标！”

2015 年，华为全球销售收入是 3950 亿元人民币，约合 608 亿美元。如果 2016 年的销售目标能够实现，华为的销售收入将比 2015 年增加 34.5%。顺着这个势头发展下去，华为有可能是腾讯、阿里巴巴、百度收入总和的两倍，并将超过微软、索尼、松下、空客等著名公司。在世界 500 强企业排名中，华为将是唯一跻身在 100 名以内的非上市公司。毫无疑问，华为将向全球巨无霸公司迈向坚实的一步，这将是中国乃至全世界高科技公司前所未有的高度，而接下来千亿美元的目标也指日可待。

2016 年普遍认为企业的日子都不好过。但是，不管市场有多么的残酷，还有无数像华为一样的企业，他们在新常态的经济形势下依然充满了旺盛的生命力，逆势崛起。这恰恰说明，当下的机会还是有的，事在人为。

某企业在整个行业从规模增长期迈向专业运作期的过程中，它的经营策略并没有随着商业环境的急剧变化及时调整，一度保持被动增长的赢利模式，缺乏主动开拓市场的举措，持续赢利 DNA 发育不良。因此，2012 年销售收入大概 3 个亿，竟然亏损 2000 多万元。此时，该企业也是到了山穷水尽的地步，有些员工开始动摇了，怎么办?

毫无疑问，这个时候信心比黄金重要，他们沉着冷静，结合商业环境的变化，分析市场未来走向，瞄准主打市场，重新梳理业务线以及企业经营管理模式，全力以赴推出吻合市场需求而又领先竞争对手的产品，稳步提高运作质量和服务水平。在此基础上，他们优化企业持续赢利 DNA，制定狼性十足的战略举措。时至 2013 年，该企业扭亏为盈。并且在 2014 年、2015 年，他们的业绩持续保持在 50% 以上的增长，从一个胜利走向另一个胜利。

商业环境时刻都在发生深刻的变化，此消彼长是商业社会的常态。随着商业环境的急剧变化，总有些企业结构性的狼性不足，持续赢利 DNA 发育不良，所以不能掌握方向拥抱未来，随风飘逝；总有些企业不仅总结过去，忙于当下，还能谋求未来，在风起云涌风向突变之际，迎风直上成为时代的急先锋。

在当前经济形势下，不管外部环境怎么变化，未来的商业繁荣一定是建立在科技创新、产品升级、组织变革与机制创新的基础之上。本书作者在辅导众多企业践行转型升级的基础上，逐步形成企业变革的理论框架，开创结构性优化企业持续赢利 DNA 的先河。可以预见，未来的企业家不仅要勇于变革，忍受阵痛，还要留意持续赢利 DNA 的四个方面：

第一，看透趋势，把握方向，享受时差红利；

第二，共赢平台，决胜千里之外；

第三，点兵布阵，人才决定能走多远；

第四，增强悟性修炼，迎接未来挑战。

本书内容是作者在长期辅导企业创新变革的基础上总结而成，并因势利导形成了成熟的课程体系和管理咨询解决方案。读者如意欲参考本书进行变革，不妨参与系统的课程学习，或者与作者实时进行深入的沟通与交流，从而提高组织变革的品质。

胡福庭

2016年6月16日于北京

目录 CONTENTS

虽有权智，不如顺势；虽有镃基，不如乘时。看透趋势，把握方向，借势享受时差红利，它是持续赢利 DNA 的重要组成部分。

共赢平台，决胜千里之外。掌握趋势之后，如何排兵布阵？如何构建持续赢利的自主经营平台？

持续赢利
SUSTAINED PROFITABILITY DNA
DNA

点兵布阵，人才决定能走多远。那么，建立持续赢利的自主经营平台之后，人才将是企业的核心竞争力。

持续赢利
SUSTAINED
PROFITABILITY DNA
DNA

第一章
看透趋势，借势享受时差红利

从“十五”到“十一五”，中国经济像“钢铁侠”那样飞奔，“中国速度”影响了全世界。但2008年金融海啸以来，受宏观商业环境的影响，GDP（国内生产总值）增速呈下降趋势，2015年是6.9%。

接下来怎么走呢？政府提出向改革要红利，但怎么要？改革怎么改？红利在哪里？这些问题似乎还要经过一段时间的阵痛才会有结果，这意味着6%到7%的经济增长，在中国还会持续较长一段时间。如果我们把宏观商业环境比作天，天变了，物竞天择，适者生存。

随着商业气候的急剧变化，企业急需优化持续赢利DNA，提高看透趋势、把握方向的能力。然后在此基础上调整企业的战略布局，推动组织变革，培养员工队伍的创新驱动能力，适应将来天气的变化。那么，如何看透趋势，把握方向，借势享受时差红利呢？本章具体剖析这个问题。

第一节 中国三代牛人传奇

中国改革开放不到40年，先后出现三代牛人。

一、第一代牛人

年广久、牟其中、褚时健……他们是中国改革开放的第一代商界牛人。曾几何时，他们如鱼得水，呼风唤雨，春光无限。我们不妨来研究一下，他们凭什么当时能够扶摇直上？我们看看傻子瓜子的年广久，安徽芜湖人。正值1978年，中国改革开放的春风吹拂神州大地，早已穷困潦倒的年广久低价把瓜子买进来，炒一炒，然后高价卖出去，赚取差价。在市场经济的今天，这是合法的商业逻辑，很正常的商业活动。但在那个年代，这是投机倒把。所以，别人都不敢去尝试，但是他就明目张胆地去做了。后来生意越做越大，一个人干不过来，于是请人来帮着一起干，最后发展到100多名员工，红极一时。现在看来，雇

用工人很正常，这是帮助政府解决就业问题，稳定社会，造福于民。但那个年代有人说这是剥削老百姓，走资本主义道路。所以别人都不敢这么做，但是他毫无顾忌地去做了。然后搞有奖销售，推出卖瓜子中大奖的促销活动，这些营销手法现在的企业都在用，但在那个年代有人说这是牛鬼蛇神。别人都不敢这么做，他却津津乐道。因此，年广久三次蹲监入狱，三次进行思想改造。幸运的是，1980年、1984年、1992年三次被邓小平点名表扬、点名肯定，每次都逢凶化吉。

为什么年广久、牟其中、褚时健能成为中国改革开放第一代成功的企业家呢？我们不难发现，他们有胆识，有魄力，敢为天下先，快速适应社会环境的变化，能把握机会，该出手时就出手。如果在工作中遇到困难，他们挺得住，化压力为动力，在逆境中积极寻求突破，这就是中国第一代牛人的典型特征，典型的胆商。

在中国改革开放的历史进程中，为什么会有众多有胆商的人的传奇人生呢？众所周知，1949年10月1日，伟大的中华人民共和国成立了，从此进入计划经济时代。当时生产力低下，供给严重不足，生活物质极其匮乏，消费需凭如布票、米票、肉票、豆腐票等票据。1978年12月，随着党的十一届三中全会的胜利召开，确定进行经济体制改革，改变原有的经济体制，确立市场经济的地位。但是，当时不管是吃、穿、用等各方面的消费，以及各个领域的投资，正在经历一个从无到有的建设过程。所以，只要你有足够的胆识和魄力，义无反顾冲进市场改革的经济大潮中去，做什么买卖都可以赚到钱。但由于制度和法律跟不上，市场秩序比较混乱。那样的年代，那样的商业环境，孕育了中国改革开放第一代成功的企业家。他们拼劲十足，敢为人先，脱颖而出，成为了那个时代的商界牛人。

二、第二代牛人

1992 年，邓小平南行讲话，中国改革开放再度孕育了以董明珠、王石、张瑞敏、王健林等为代表人物的第二代商界牛人。他们基本上都是 20 世纪五六十年代的人，具有敏锐的眼光，高瞻远瞩，对企业长期发展相关的战略性因素看得清、看得远、看得透。而且他们还有高超的公关能力和人格魅力，既能与政府、行业协会、供应商、经销商、消费者、银行等建立良好的生态环境，又能处理好企业与员工协同发展的关系。更为重要的是，他们有天赋超强的行动力，在机会面前善于快速布局。

为什么偏偏这些人成为第二代成功的企业家呢？众所周知，1992—2008 年金融风暴的到来，适逢我国市场经济起点低，有着巨大的发展潜力，商机无限。当时中国的老百姓吃穿用的供给相当匮乏，需求非常旺盛。我是农村长大的，记得 1992 年前后，我们农村孩子一年才能穿上一套新衣服，一年只有在特殊的节日，或者重要客人到访才能享受一顿美食。那时年轻人结婚流行“手表、自行车、缝纫机”老三件，继而又到了流行“电视机、冰箱、洗衣机”新三样。当时的新三样代表时髦、富足和体面，是很了不起的事情。经过改革开放 30 多年的蓬勃发展，我们凭借无

可比拟的成本优势、资源优势、政策优势，以及强大的内需基础，一跃成为世界制造业基地，一度成为世界第一的生产大国，实现了从贫穷到富有的伟大转变。同时，我们的商业环境逐步规范，市场经济的法制逐步健全。所以，这样的年代，这样的商业环境，孕育了中国改革开放以后第二代成功的企业家，再次印证了时势造英雄。

三、 第三代牛人

我们看看阿里集团的马云、京东商城的刘强东、腾讯的马化腾、小米的雷军，他们是中国改革开放第三代成功的企业家，第三代牛人。

2008 年，金融海啸来了，摆在中国企业面前有“四把刀”：第一把刀，货币严重超发，人民币持续贬值，海外进入中国的资本大量回流及撤出，金融风险隐患加剧；第二把刀，房地产的巨大泡沫，原材料成本大幅度上扬，投资回报率明显下降，甚至出现大面积亏损；第三把刀，《劳动合同法》实施后，用工成本明显提升；第四把刀，低端产业产能严重过剩，供给旺盛，而老百姓不敢花钱，需求上不来。这是中国市场经济第三阶段所面临的商业环境，消费、投资、出口三驾马车的力量明显不足，经济增长换挡期、结构调整阵痛期、刺激政策消化期三期叠加，导致中国经济增速下降，工业品价格下降，实体企业赢利下降，国家财政收入下降，经济风险发生概率上升。正是在这样的背景下，中国改革开放第三代成功的企业家诞生了，他们具有创新变革的意识，具有互联网、移动互联网的商业思维和商业模式，掌握了创客运作的整套机制。他们还时刻关注市场变化，根据商业环境的变化调整战略部署、变革组织系统、改变商业策略，拥抱变化，借势而起。

第二节
历代牛人将何在

2016 年伊始，各大网络媒体疯狂传递喜汽猫创始人徐超一封长达 5000 多字的真情告白："花掉公司千万现金，相继变卖家产，四处借钱筹款，最后在 2015 年 12 月 20 日宣告停止线上交易，2016 年 1 月 15 日关闭网站服务器，平台即日停止运营。"今年刚刚 30 岁的徐超可谓青年才俊，也是创业老兵。他大学一年级凭着 3000 元开始创业，屡创胜绩，到毕业累计净利润 400 多万元，这是一个了不起的数字。

2006 年，徐超带领他的团队进入汽车后市场，从一家零售店开始，到省级经销商、中国区总代，积累了丰富的行业资源与资金基础。徐超一路过关斩将，高歌奋进，信誓旦旦地说自己是为了创业而生，却在这个寒冷的冬季宣布平台停止运营。徐超感慨："我们认为'只要努力到无路可走，老天

就会给你一扇窗’，真实的结果是，努力到无路可走，也就无路可走了。”这也不无道理，创业者千千万，但是，创业成功毕竟是小概率事件，成功者毕竟是少数。

中国改革开放先后诞生了三代牛人。那么，这三代牛人的结局如何呢？

有些企业家随着时代的变迁，岁月的更迭，逢山开路，遇水架桥，继续红红火火，甚至永远都是时代潮流领跑者，永远都是时代的风云人物，这就更牛了。比如说华为的任正非，1987 年两万元起家，20 多年的时间，经历了创业求生存、二次创业与迈向国际化、成为电信解决方案供应商的商业模式变革、追求云管端一体化的组织转型期四个阶段，每一个阶段低调务实，却又战绩斐然。2015 年，华为实现营业收入近 608 亿美元，约 3950 亿元人民币，财富增长 1900 多万倍。今日之华为，领先全球，耀我中华，与美国思科一并成为当今世界两家最强大的电信技术及设备提供商。毫无疑问，任正非更是商界出类拔萃的佼佼者，是很多企业家崇拜和学习的楷模，成为商界的超级牛人。

我们期待更多像华为一样的企业，期待更多像任正非一样的企业家。但是，在今天的中国，很多企业家搞一个项目可以成功，搞一段时间可以成功，继续搞第二个项目就不行了，搞一段时间以后就不行了，最后如同泥牛入水，在商界中销声匿迹，我们把这样的企业家称为泥牛。

纵观中国改革开放以后诞生的三代牛人，像任正非、柳传志、张瑞敏一样，具备持续赢利 DNA，因势而变，与时俱进调整战略布局，变革组织系统，带领企业从一个胜利走向另一个胜利的商业奇才凤毛麟角，少之又少。

第三节
为什么，为什么

1978 年，中国的人均 GDP 是 381 元，当时可兑换 226 美元。2015 年，中国的人均 GDP 是 8016 美元，增长 35.5 倍。1978 年，中国国内生产总值是 3645 亿美元，占世界经济总量的 1.8%，位居世界第 10 位；我国外汇储备仅 1.67 亿美元，位居世界第 38 位，人均只有 0.17 美元，折合成人民币不足 1 元钱。2015 年，中国国内生产总值大概是 10.4 万亿美元，位居世界第二位；我国外汇储备为 3.33 万亿美元，世界第一，约占世界外储总量的 1/3，比世界第二的日本高 2.85 万亿美元。显而易见，中国改革开放历经 37 个年头，取得令人瞩目的成就。

在改革开放的道路上，有着无数的企业享受改革红利，站对了风口随风而起，乘风破浪勇往直前。但也有不计其数的企业随着风向的改变轰然倒下。那么，我们怎样才能把企业搞得基业常青呢？

微信圈里有一个趣味游戏，游戏名称叫作“谁也

解不开这个谜”。游戏内容如下。

在你的面前呈现花色各异的六张扑克牌，请你从中选择一张并记住它。

接下来让你欣赏美女，提醒你看着美女的眼睛，心里想着那张牌。看完三个美女之后，问题就来了，五张扑克牌一闪出现在你的面前，并且上面留有一句话，告诉你说：“我已经把你心里的那张牌偷走了，然后让你去验证！”

结果，几乎每一个人都会发现，心里惦记的那张牌果然不见了。重复若干次依然如此，很多人百思不得其解，所以游戏名称叫作“谁也解不开这个谜”。

很多游戏的参与者，他们心里总是惦记自己选取的那一张牌，或者眼睛光顾着妖艳多姿的美女，却没有关注前后两次底牌的悄然变化，所以觉得特别神奇。非常有趣的是，这个游戏的谜底，却正好解答我们提出的问题。企业的存在与发展，它是建立在特定的商业环境之上的，而特定的商业环境，它会随着政治因素、经济因素、社会因素和技术因素的变化而变化。所以，企业赖以生存与发展的商业环境，它就像这个游戏的底牌，出其不意，瞬息万变。但是，众多企业家洞察环境变化的 DNA 发育不良，天性迟钝不关注商业环境的变化，更不去研究变化的趋势，结果经营方向偏离了正确的轨道，企业随风飘逝。诺基亚初创时期经营橡胶、橡皮，后来洞悉市场的变化及时调整发展方向，一跃成为手机巨头，一度成为移动通信的代名词。但是，这个曾经市值 1500 亿美元的世界巨头，这个曾经无限风光的伟大企业，关键时刻企业领导者没有注意到移动市场正在悄然从数字时代向着智能化时代跨越，没有及时调整主攻产品方向，结果于2013年9月3日，居然以不到72亿美元的超低价格被微软收购。

在诺基亚正式归顺微软旗下的前一天，时任诺基亚CEO的约玛·奥利拉在记者招待会上说，我们并没有做错什么，但不知为什么，我们就输了，说完几十名诺基亚高管不禁泪流满面。毫无疑问，他们错了，大错特错。那么，他们错在哪里呢？错就错在低估了移动互联网时代的颠覆性，错就错在低估智能化手机时代的神奇魅力，错就错在移动手机进入了智能化时代，他们迟迟没有反应过来，依然迷恋数字手机时代的辉煌战绩。所以，诺基亚就这样被市场的变化无情地淘汰，但是他们依然不知道谜底。

还有一家非常伟大的企业，名字我们非常熟悉，叫柯达公司，成立于1880年。这个感光摄影世界当之无愧的霸主，100多年来帮助无数的人们留下了美好的记忆。它的顶峰阶段，公司市值3850亿美元，与现在苹果和谷歌同属一个量级。他们的员工曾经因为柯达无比的荣耀，认为柯达公司无所不能，不可战胜。但是，在2013年8月，柯达公司宣布破产。这家红极一时，巅峰时期全球拥有145000员工的企业照样轰然倒下。

1975年，柯达公司发明世界第一台数码相机，数字影像技术将会取代传统的感光胶卷，这是必然的趋势。但是，柯达却被自己的优势与强大的自信打败了，他们终日沉醉于引以为自豪的胶片影像技术，沉

迷于卓越的企业管理，陶醉于无所不能的企业队伍，而没有洞悉商业环境的变化，没有及时推出新的产品。所以，完美影像、百年柯达就这样顿然消失。

面对这个物竞天择的宇宙环境，企业家第一要务就是有这样一个理念，那就是这个世界时刻在发生深刻的变化，社会在变，时代在变，技术在变，企业经营的商业环境在变。虽有权智，不如顺势；虽有镃基，不如乘时。作为企业家，如果像那些解不开谜底的游戏参与者，持续赢利 DNA 发育不良，光顾看美女，或者专注自己的那一张牌，对于底牌的变化浑然不知，对于商业环境的演变麻木不仁，就会在新的一波行情来到的时候，随波逐流。一旦风向发生了变化，一旦时代发生了更迭，潮流逆袭，它却毫无察觉，结果被市场无情地淘汰。

这，就是微信圈里这个趣味游戏给人们的启发，也是历代牛人将何在的 DNA 所在。

第四节
掌握三重技巧

最近一两年，这个世界好像变得非常陌生，我们原来非常熟悉的商业模式在改变，原来非常熟悉的赢利模式在改变，甚至有一些非常熟悉的消费者，现在突然间变得非常模糊。很多企业家，他们都是过去二三十年来中国经济成长的获益者，但是未来的路在何方，未来趋势怎么样，怎样才能快人一步抢占先机，如何及时做出战略上的选择与调整，这些都是当下企业家们迷茫的地方。

所以，接下来我们学习在纷繁复杂的商业环境中，如何掌握看透趋势、发现商机的三重技巧，即由旧看新预判趋势的技巧、由小看大预判趋势的技巧，以及由外看内预判趋势的技巧，分别从政治的（Political）、经济的（Economic）、社会的（Social）、科技的（Technological）四个方面去研究。

一、 由旧看新预判趋势的技巧

但凡新的技术，新的商业模式，新的消费习惯，新的政治生态，它的形成往往是具有颠覆性的，有可能成为颠覆我们的洪荒之力。但是，如果我们抢先一步抓住它，将之嵌入企业，成为组织的活力元素，又会变成我们赶超竞争对手、扫清障碍的巨大神器。让人迷惑的是，每当新事物出现的时候，我们看不清楚它的真实面貌，或者它的外形非常丑陋。但是，当我们意识到这是机会的时候，往往已经迟了半步，等到我们再想抓住它的时候，却来不及了，已经抓不到它了。

泰国有一个奇怪的雕像，正面看上去是一个婀娜

多姿的女人，但是看不到女人的脸。如果到了背后再一看，光秃秃的，一根毛发也没有，泰国人说这是“机会女神”之像。它预示着机会降临之时，人们往往看不到她的脸，也许是蓬头垢面。可是当她悄然离去之时，你却发现这就是机会，然后突然想去抓住她，那时已经晚了。因为机会女神的后面是光秃秃的，什么也没有。

同样的道理，任何新鲜事物的诞生，也许它是助力我们独步武林的神兵神器，但是，我们往往看不清它的真实容貌，往往看不透它的未来走势，所以我们不太在意。然后，当新鲜事物形成气候成为主流之时，我们恍然大悟再想去抓的时候，却抓不到了。正如“机会女神”，她的后面是光秃秃，一根毛发也没有。所以每当新事物出现的时候，我们定然要一把抓住她的长头发，不要让她跑了。

从1978—2014年，中国的年均GDP增长9.7%，现在已经到了7%左右。专家纷纷预测未来五年，通货紧缩将是中国的一个新常态，在这个阶段，实体经济会遭受前所未有的煎熬，房地产和金融也好不到哪儿去。但是，随着中国商业环境的急剧变化，同样存在无数的商业机会。可惜的是，具备看透趋势DNA，在新的商业环境下找到商机的企业家寥寥无几。很多企业家只会整天抱怨经济形势不好、产品不好卖、企业越来越难做等。

中关村国际创业科技产业园有一家个性化定制电商企业，公司的名字叫优优祝福，这个企业成立于2009年，老板叫杨新永。在中国实体经济的持续不振，中央反腐倡廉的高压态势持续发酵，以及中共中央总书记习近平积极倡导大众平民化的消费观念的背景下，礼品行业受到了前所未有的冲击。但是，杨总凭借独立开发的定制品智能电商平台，通过C2F（终端消费者对工厂）模式，对上下游大数据进行深度挖掘与应用，首创六大闭环业务体系，整合上下游优质工厂、品牌和创意设计资源，低成本、全链条、高效率为企业客户提供高品质一站式个性化定制产品解决方案。它实现了场景解决方案自选 DIY（自己动手制作）、在线自助设计定制品仅需 3～7 个环节、采购订单全流程电子化和项目系统化高效服务，这些独特的个性化服务真正解决了行业上下游企业发展的瓶颈与痛点，实现了采购阳光透明、智能高效，显著提升了工作效率和客户黏性。优优祝福在传统礼品产业的基础上嵌入文化创意的内涵，融入人文、历史典故、品牌内涵以及客户参与定制等要素，加上互联网全产业链整合的运作手法，公司在五年时间里就汇聚了包括阿里、华为、腾讯、滴滴、小米、360、德邦、顺丰、网易、中移动等知名企业在内的数千家优质供应商和企业客户，这几年企业每年都有三位数字以上的增长速度，现在一年的销售收入近十亿。

为什么每当新生事物出现的时候，我们却不能抓住它呢？因为它的不完美，因为它的丑陋，我们没有用心去留意，没有用心去了解，一而再、再而三地错过了。但是，当我们发现它是机会的时候，追悔已经来不及了。号称香港小超人的李泽楷，在 1999 年投资腾讯 220 万美元，持有公司 20% 的股份。当年的腾讯是一个崭新的互联网科技公司，创立之初并不完美，甚至是丑陋的，也看不清未来的发展态势。所以，投资不到两年，李泽楷就把拥有腾讯 20% 的股权以 1260 万美元卖掉了，还自以为赚了不少，挺满足

的。但到了今天，腾讯成为了中国乃至全球移动互联行业的先锋企业，时代潮流的领航者，我们可以看看腾讯最近的股价就知道，400港元一股。如果李泽楷不卖掉腾讯20%的股份，甚至追加投资，那么今天中国的首富不会是马云、王健林，也不会是李嘉诚，一定是李泽楷，因为当年李泽楷的股份是马化腾的两倍。

国家提出大众创业、万众创新，移动互联网+，文化+，服务型制造，装备和产品智能化，一带一路国际化、供给侧改革、产业转型升级提质增效三步走的国家战略。总而言之，新生事物时刻都会出现，机会随时都会诞生，能不能抓住新的机遇，关键要看企业家是否具有善于抓住机会的DNA。这就好比一个故事：在美国，有一位老人在大街上以卖气球为生。每当生意不好的时候，他总要放飞一个气球，以此来激励自己，吸引顾客。有一天，一个小男孩问他，说："爷爷，如果气球是黑色的，它也会飞吗？"老人说："孩子，气球会不会飞，不在于它的颜色，而是取决于它的心中是否有一股升腾之气！"诚然，新的技术、新的商业模式、新的政治生态等即将诞生之际，为什么我们不太在意，为什么我们看不清、抓不住。其实道理也是一样，它不在于你现在的企业如何强大，不在于你现在的事业如何登峰造极，而是在于当下的你是否有一股升腾之气，而是在于当下的你是否有一股上下求索的力量。

我们看看百度公司的李彦宏，为什么他能跻身全国互联网搜索引擎网站的第一把交椅，成为2012年中国内地的首富呢？面对互联网搜索引擎服务的诞生，一贫如洗的李彦宏心中顿时有了一股升腾之气，燃烧了创业创新的激情，赢得了机会女神的眷顾。阿里集团的马云，为什么他能登顶全球最大IPO（公开募股）创造全球互联网企业上市的最大传奇呢？面对互联网络销售平台这个新生事物的诞生，曾屡败屡战的马云，他的心中顿然有了一股升腾之气，彻底点燃了孤注一掷的勇气。我们再看看雷军，为什么小米短短五年时间又一次刷新业界的创业神话呢？面对移动电话从数字时代迈向智能化的这一关键时刻，准备中场休息的雷军，他的心中瞬间诞生了一股升腾之气，激发了再度创业的激情。所以，每当新的技术、新的商业模式、新的消费习惯、新的政治生态呼之欲出之时，我们在意它，心中酝酿一股升腾之气，断然可以快人一步抢占先机。如果我们沉迷过去，小富即安，进取心不够，我们就会一次又一次地错过机会女神的垂青。

如果企业家真正到了功成身退的时候，我们不妨把未来交给 80 后。如果我们还要坚守在第一线，在人事安排也要注意，企业中高管层里面，80 后的比例不能低于 40%，必须让听到炮声的地方都是 80 后、90 后，我们要把战略选择的决定权交给他们。青岛有一个叫红领的服装厂，原来是做西装外贸的，外贸垮了，女儿接手把工厂盘活了。在过去的两年里，张瑞敏到她的企业去了 9 次。去干吗呢？顾客说要做件西装，她派人丈量顾客的身材，总共需要采集 40 多个数据，然后再把这些数据通过计算机定制系统的智能计算之后，放到她的生产线上，一个礼拜以后她的生产线只给这个顾客做西装，她每天可以接 3000 多个订单。她在做一个现在很流行的事情，叫“互联网 + 制造”。她通过“互联网 + 制造”把工厂的生产线全

部个性化，可以为一个人定制。张瑞敏去了9次，向她学习如何用“互联网+”来做海尔的洗衣机。海尔成立于1984年，是第二代企业里面的佼佼者，张瑞敏更是堪称一代商业教父。但是，在新的商业形式下，海尔坚定变革，坚定向年轻人学习。

未来30年，中国的市场经济发展将是一个全新的思路，重点是以提高发展质量和效益为中心，加快形成引领经济发展新常态的体制机制和发展方式。根据国家十三五规划部署，未来的实业势必朝着移动互联网+，文化+，智能化+，高端装备，以及高品质要求的方向发展，这就是新实业。随着新实业的兴起，以后我们不需要满大街地去日本和欧美买高性能的马桶盖、手表、电饭煲、吹风机、保温杯等这些东西，在国内就能轻轻松松买到。未来的消费会从大众消费发展到圈层经济，或者叫作社群粉丝经济。在一个特定的族群和消费族群中，大家的价值观相同、情趣一致、互联互通，形成产业链的联盟，这是中国消费社群面临的最大变化，叫作新消费。未来，中国的金融也会从由产业资本时代进入到金融资本时代，城镇化也会向着智慧城市的方向发展。总而言之，我们将会面临一个全新的时代，而年轻人就是创造新时代的生力军，我们要向年轻人学习，把战略布局的决策权交给年轻人，而我们在一旁做辅导，做参谋。

二、 由小看大预判趋势的技巧

诚然，新的技术、新的商业模式、新的消费习惯、新的政治生态，这些也许就是机会女神，也许不是。那么，我们怎么去鉴定它呢？这就需要掌握由小看大预判趋势的技巧。

什么是由小看大预判趋势的技巧？就是把细小的事情，或者细微的事物，把它放到整个政治生态圈的高度，放到整个经济大势的高度，放到整个社会需求的高度，以及整个技术发展的高度去看，看它是不是大势所趋的事情。如果是，快速放大，快速形成标准推进市场，五年之后，十年之后，它必成气候，必成趋势。

它的依据是什么？1963 年美国气象学家爱德华·诺顿·劳仑次提出混沌理论。混沌理论认为，在混沌系统中，初始条件十分微小的变化，经过不断放大，其未来状态将产生极其巨大的差别。混沌理论最形象的比喻就是蝴蝶效应：在亚马孙雨林里的一只蝴蝶，偶尔煽动一下翅膀，两周后，就会在美国的得克萨斯州引起一场龙卷风。有了这个理论的支持，就给中小企业看透趋势、掌握方向提供了行之有效的方法。为什么呢？如果电视台、报纸、杂志连篇累牍地报道，如果是众所周知的事情，连大街上的老太太都知道咋回事。那对不起，行业的老大们早就摆兵布阵，重兵把守，作为中小企业，你根本就进不去，根本就没有机会。所以，作为中小企业，你必须培育看透趋势的DNA，掌握由小看大预判趋势的技巧，把别人，特别是一些大公司没有看清、没有看懂、没有看透的小事情，把它放到整个行业甚至整个产业链条上去看，放到整个市场上去看，看它是不是大势所趋的事情。如果是，我们就把企业所有资源聚焦于此，在这一点上

追求极致，从细微之处彻底解决客户问题，然后逐渐放大，直到独领风骚，风光无限。

在这里讲两个公司的案例，这两个公司目前并不一定特别知名。但是，这两位企业家看透趋势的DNA非常不错，由小看大预判趋势的技巧堪称一流，特别值得我们中小企业学习，所以这里重点讲一讲。2009年，安能的发起人刘海燕，他和上海几个专线公司的老板在一起喝茶。当时，他们都感觉专线公司赚钱越来越难。那么，怎么改变赚钱越来越难的局面呢？不管是专线公司也好，还是其他类型的企业，公司要想赚钱无非就是两条路。第一条是开源，第二条是节流。对于专线物流公司来说，怎样更好地开源节流呢？最好的办法就是结盟，大家结盟，紧密结盟。当时他们决定租赁一个大的集散中心，六家专线公司都搬到一个集散场地办公，在同一个平台上分拨操作。这样一来，原先一个专线公司只能收一条线路的货，结盟之后一个专线公司可以收六条线路的货，上海到广东、上海到江西、上海到四川、上海到河南、上海到山东、上海到北京的货统统都可以收。这些散货收回来之后，因为这六条线路是在同一个平台上面分拨操作，所以，内部消化也很容易，这样开源的问题也就解决了。接下来我们再看看节流的问题，原来六条线六个公司六个办公和操作场地，资源与设备的使用无法整合。比如说叉车，比如说地牛，比如说复印机等办公设备，这些东西无法整合，人员也无法整合，节流比较困难。但是，他们结盟集中作业和办公之后，很多资源就可以整合。原来六个公司需要六台叉车，现在集中操作只需要一台，或者两台就够了。原来六个公司需要六台复印机，现在只需要一台就够了。原来六个公司需要六个看大门的保安，现在只需要两个，或者三个就够了。所以，这样一结盟，不管是开源，还是节流，一切问题都迎刃而解。

这个还不是最关键的，最关键的是在他们得到实惠以后，把结盟这个事情放到整个行业里去看，放到整个市场上去看。这样一看就看到了趋势，这样一看就看到了机会。因为在当时，安能有这样的需求，其他专线公司也有这样的需求，整个行业都有结盟的需求。所以，最后的结论，结盟是当时专线公司未来发展的趋势。看到了趋势，找到了商机之后该怎么办呢？六个老板首先通过股份置换方式注册成立安能物流，选定结盟的对象，制定加盟的标准和管控模式。然后，在广州、深圳、成都、北京建立分拨中心，接着就在全国范围内有计划、有步骤地开展专线加盟、网点加盟和融资工作。在2010年的时候，公司的营业收入不到5000万元，到了2015年，公司营业收入20个亿。

下面我再看看德邦物流。今天的德邦物流一年的销售收入100多个亿，员工有八九万人，无疑是中国零担物流的老大。德邦和崔维星也就成了很多物流人学习的对象。

1998年，当时的空运代理市场是无序的，随意要价，有时一次交易就能赚到一辆车，一次交易就能赚到一套房。一开始崔维星也犹豫，后来他想，倘若此时果断采取“航空底价+几毛钱”的赢利模式，明码标价，结果会怎么样呢？如果从现有的客户来说，显然不行。因为当时崔维星的客户有限，如果每一单赚

得不多的话，从现有客户来说，总的收入是有限的。但是，如果从“航空底价+几毛钱”的赢利模式，再加上明码标价的商业规则放到当时的大环境里去看，放到那个乱象丛生的大背景里看，结果会怎么样呢？对于广大客户来说，这无疑就是一个福音。毋庸置疑，这就是一个大势所趋的事情。就这么一看，崔维星找到了商业机会，找到了击败竞争对手抢占市场的契机。因此，崔维星为了谋求快速获得客户的赞誉与认购，为了积极抢占市场份额实现企业的快速扩张，果断采取“航空底价+几毛钱”的赢利模式，果断采取明码标价的商业策略。这就是由小看大的预判趋势的技巧，他看透了航空运输未来的价格走势，快人一步率先改革。结果广大客户蜂拥而至，纷纷选购德邦的航空运输服务，并因此成为了德邦的忠实客户。

崔维星的价格策略可以效仿。但由小看大预判趋势的技巧不容易效仿，看透趋势、发现商机的DNA不能模仿。当同行们纷纷效仿紧追其后时，崔维星一次又一次根据市场环境细微的变化，不断创新业务项目。比如空运合大票、航空等级运价、卡车航班、德邦快递、德邦整车、德邦仓配一体化、综合物流服务解决方案等。每一次业务项目的创新，崔维星都把它放到整个大的市场环境里去看，看看它是不是大势所趋的事情，看看它是不是人心所向的事情，看看它是不是政府主导的事情。如果是，果断决策，快速行动，做到人无我有，人有我优，人优我转。所以，这么多年来，客户义无反顾地选择了崔维星，选择了德邦。

我们再看看乔布斯，乔布斯曾经摔倒过，也是从同一个地方崛地而起。1997年乔布斯重返苹果，最初三年在热门的个人电脑上进行创新，比如机壳、外设等。我们知道，个人电脑是一个大市场，这就是盯准大市场的商业策略。但是，当时的乔布斯并没有成功，因为苹果公司卖硬件卖不过戴尔，卖系统卖不过微软，这个时候就需要重新研判趋势选定市场。如何研判趋势、甄选市场呢？乔布斯选择大公司看不起的MP3开始，从小的地方开始，把这个小的东西做到极致。艺术化的外观，超大容量的内存空间，能够存放1万多首歌，取了一个与众不同的名字，叫作iPod，其实就是一种随身听。然后把它放到市场上去，那些喜欢音乐的年轻人狂热抢购，结果成了大势所趋的事情。苹果公司拿下这个小市场之后，它就有了根基，然后逐步延伸。后来，乔布斯在iPod上面加入一个小屏幕，就有了iPod Touch的雏形；有了iPod Touch，任何人都会想到，如果再加上一个通话模块打电话就会怎么样呢？于是就有了iPhone，就有了苹果手机。接下来呢，把它的屏幕一下子拉大，不就变成了iPad，变成了平板吗？

现在很多人崇拜乔布斯，崇拜苹果公司，蜂拥学习乔布斯做手机、做手机商店、做平板电脑。但是，我们知不知道，乔布斯具备了由小看大研判趋势的战略眼光，具备了从小到大逐步积累的恒心和韧劲。作为一个企业家，必须掌握由小看大预判趋势的技巧，务必把它内化成企业决胜市场的DNA，随时用到企业的各个方面。

三、 由外看内预判趋势的技巧

下面我们讲讲如何掌握由外看内预判趋势的技

巧。从1978—2015年，国家的经济总量从全世界第十位上升成为全球第二大经济体，直逼美国。我们能够赶上一个物质财富非常丰富的商业社会，有必要感谢中国改革开放的总设计师邓小平。邓小平凭借其独具匠心的战略眼光和卓越的领袖魅力，彻底改变了新中国贫穷落后的经济现状。所以，我们不妨来研究一下邓小平的战略眼光。

1983年9月，邓小平同志为北京景山学校题词："教育要面向现代化，面向世界，面向未来。"邓小平为什么要提倡三个面向呢？因为大家不知道中国的教育应该怎样掉头，不知道应该怎么去搞。所以，邓小平的题词提出三个面向，其中一个就是面向世界，从全球视野来看中国的教育，从外面的世界来看中国的教育改革，这就是由外看内预判趋势的技巧。如果你看不清组织内部的发展方向，你就到外面的世界去看一看，看一看就知道我们的发展方向在哪里，这就是邓小平同志高瞻远瞩，独具匠心的内在DNA，也就是由外看内预判未来的发展趋势。

1978年，邓小平复出，正好面临新中国成立30年。邓小平同志意识到贫穷并不是社会主义的代名词，中国要走向富强、要走向民主、要走向繁荣和昌盛。接下来就要思考：我们怎么走向繁荣和昌盛呢？邓小平同志的做法就是先到外面的世界去看一看，看一看就知道怎么办了。1978年1月至1979年2月正好一年零一个月的时间，邓小平相继访问了缅甸、尼泊尔、朝鲜、日本、泰国、马来西亚、新加坡和美国，走出去看了看外面的形势，深刻地感受到市场经济的巨大活力。所以，邓小平回来以后就确定要实施经济体制改革，要坚持对外开放。后来反复研究逐步形成通过部分城市的对外开放，促进中国与世界共同发展互利共赢的战略大思路。这一战略思路的确立，引领中国经济繁荣昌盛30年。

那么，由外看内预判趋势有什么窍门呢？雷军最近几年很成功，人称雷布斯。一些记者就去采访雷军，去挖掘他的成功秘籍。雷军说创业成功的道路有千千万，但是，每个人创业成功的经验都不尽相同，我也只能讲讲自己对创业的体会，以及我的一些创业思想和方法。他说："我的体会就是看五年、想三年、认认真真做好一两年。"那么，看五年怎么看呢？雷军说我们就要去美国看一看，因为美国的今天，就是我们五年以后的明天。所以，看了美国，我就知道中国未来五年的趋势是什么。想三年怎么想呢？他说这个时候就要去中国台湾看看，去日本看看，看看中国台湾和日本今天是怎么做的，想一想就知道中国内地三年以后的趋势怎么样。那么，怎样才能认认真真做好一两年呢？这个时候你再到内地各个地方去看一看，看看我们的竞争对手在做什么，看看我们的客户在想什么，看一看内地的商业环境怎么样。这些都看过之后，我就知道最近一两年的趋势如何。

近些年来，为什么雷军总是能抢占先机快人一步呢？这是因为他掌握了由外看内预判趋势的技巧，他这么一看就看到了苹果公司，就看到了乔布斯。所以，在国内搞了一个小米，搞了一个基于互联网思维的智能手机，一路成为创业神话。

检讨与反思

中国的市场经济经过30多年的高速发展，从物质极度匮乏、供给严重不足，到现在的产能过剩，再加上房地产的巨大泡沫。从1978—2014年，中国的年均GDP增长9.7%，但现在已经到了7%以下。在这样的商业背景下，企业家同样可以找到新的赢利途径。而在这个过程当中，方向尤为重要。

德邦物流董事长、总裁崔维星曾经说："拥有八万多员工，百亿级规模的德邦就像是茫茫大海上一艘快速航行的巨轮，能否把准航向，关系生死。方向对了，前景广阔无限，一帆风顺；方向错了，也有可能船沉大海，粉身碎骨。"因此，请结合三重看透趋势的技巧，谈谈今后三五年你所在行业将会面临哪些颠覆性的变化，你将如何借势享受时差红利。

第二章
构建持续赢利的自主经营平台

第一章探讨了看透趋势、掌握方向、享受时差红利的 DNA。毫无疑问，只要站对风口，企业可以乘风而起轻松击垮竞争对手获得成功。但是风向变化太快，如影相随紧跟风向本身需要敏锐的嗅觉，对于市场变化要有透彻的理解，而且行动力超强，这是企业家需要修炼的课题。

但是，如果有幸站对风口赚了第一桶金，那么接下来该怎么办？这就需要思考如何长期保持稳定赢利的延续。因此，运筹帷幄，精通阵法，乘势构建一个持续赢利的自主经营平台，它又是企业家的一个必修内容。

第一节 找到持续赢利的源头

自我崛起，根源为先。一个民族的崛起、一个国家的崛起、一个企业的崛起，都要从根源开始。那么，怎样找到企业持续赢利的根源呢？

一、案例：2012年的A企业

2012年年底，A企业邀请笔者担任他们的战略咨询顾问，企业的情况大概是这样的：

三个朝气蓬勃的年轻人怀着创业的梦想，经过一番沉淀与积累，1998年2月19日，他们走到一起创立了一家第三方物流公司，本书称为A企业。创业之初，他们一路高歌猛进，公司迅速壮大，2006年达到顶峰。

轻松成功的背后带来几分草率，滋生急剧扩张的冲动。2007年伊始，A企业从国际国内知名企业重金

诚聘职业操盘手快速扩张，紧锣密鼓建立全国自有运输服务网络。可是，巨大的投入并没有带来预期的回报，反而陷入被动的局面。历经几番调整，依然没有走出低谷。

2012年年初，A企业丢失一个数千万量级的大客户，它的利润丰厚，是公司的支柱性客户。A企业原本积弱多年，加上支柱性客户的突然丢失，即刻进入裁员—操作质量下滑—客户丢失—继续裁员这样一个恶性循环。一年销售收入不到三个亿，结果亏损2000多万元。

2013年年初，笔者接手拯救这家企业。那么，遇到这样棘手的问题，我们该怎么办呢？隋末唐初有一个非常著名的医药鼻祖，叫作孙思邈。孙思邈是中华医学发展先河中一颗璀璨夺目的明珠，在中外医学史上留下不可磨灭的功勋，千余年来一直受到人们的高度评价和崇拜。他在《黄帝内经》的基础上，发展性地提出“上工治未病之病、中工治欲病之病、下工治已病之病”的著名论断。孙思邈把疾病分为“未病”“欲病”“已病”三个层次。高明的医生在疾病还没有出现征兆之时，他们就能够发现病情配合早期治疗，及早干预和调理，防微杜渐，结果啥病都没有。中间层次的医生却要在患者疾病呈现一定的症状，他们才能够诊断发现，然后加上针对性的治疗，最终把疾病消灭在萌芽之中。那么，最低层次的医生，他们只能在病情大发之时进行补救式治疗。当然，就这个案例而言，A企业肯定是病情大发，病入膏肓。对于一个中型民营企业来说，一年亏损2000多万元，危在旦夕。所以，就这个案例而言，肯定是先用下工疗法。那么，下工疗法需要怎么做呢？

第一，从现在开始，清理不良业务和资产，砍掉亏损项目和亏损单位，积极回收账款，确保现金流的充足性。此时如果公司现金流出现问题，就更麻烦了。我们通过三个月紧锣密鼓的瘦身运动，公司每月 2000 多万元的营业收入只剩下 1500 多万元了，集团 60 多个分/子公司只剩下 30 多个了。但这些业务都是良性的，集团布局也是合理的。第二，严格控制各项成本，根据人均产值梳理公司编制，裁减冗余人员，提高人均劳效。因为多一个人都是成本，严格管控各种成本。在此基础上，我们还合理控制各种费用，比如供应商费用、承运商费用，以及各种运营费用，能省则省。第三，为了确保运作质量，重新梳理分销渠道和业务体系，同时开展员工心态教育，凝聚人心，树立必胜信念。

当时我给这种疗法取了一个非常贴切的名字，叫作“三道政令刮骨疗伤”，壮士断臂不得已而为之，我们战战兢兢如履薄冰。当然，效果也不错，六个月以后不亏钱了，公司进入了稳健赢利的良好局面，有了涅槃重生的迹象。但是，这仅仅是下工疗法。如果从基业常青的角度来看，这样做还是远远不够的。那么，接下来怎么办呢？接下来就要用到上工疗法的策略了。那么，上工疗法的切入点在哪里？

众所周知，救火要找到火源，挖井要找到水源，治病要找到病源，企业的崛起，同样要找到根源。那么，A 企业出现严重亏损，根源在哪里呢？归纳起来，一个企业的源头集中在市场领域和组织体系两个方面。所以，接下来我们就从这两个方向去追本溯源。

二、寻找市场方向的源头

人类进入商业社会以来，有一个基业常青的商业法则，那就是遵循连接市场—制造产品与服务—优化团队—成就客户的商业逻辑。根据商业常青法则，经营企业的源头在市场。上攻疗法就是要追本溯源，找到源头，从源头上解决问题。因此，接下来需要诊断成就A企业的市场有没有出现问题，出现了什么问题。

2008年金融海啸以来，中国的物流市场开始分化，其中快递包裹一直呈现强劲的增长态势。2008年至今，中国快递业务量由15亿件增至140亿件，七年间翻了三番多，年均复合增长率达到45.1%，市场规模跃居世界第一。同期，快递业务收入由408亿元增至2045亿元，七年间增长了四倍，年均复合增长率为30.8%，快递业务收入占中国整个邮政行业收入的比重逐年快速上升，从2008年的43%上升至2015年的64%。但B2B的物流却整体下滑，普遍面临物流资源过剩，货源下降的局面，物流市场进入优胜劣汰的大洗牌阶段。

而A企业当时的定位是主营医疗冷链物流、零备件正逆向物流、行政物流，致力成为国内首选的定制物流服务供应商。它下设30多个分公司，业务遍及国内600多个城市，与DHL、TNT等国际物流巨头结成战略伙伴，形成了完整的速递网络市内取派平台。我们不难发现，A企业所经营业务项目正好是B2B的物流范畴，而且它们是怎么运作的呢？A企业没有市场部，没有营销部，全国30多个分公司没有销售职能，只要完成取、派、提、送以及信息录入的工作就行了。

而A企业的销售完全依赖TNT、DHL，或者老板把大客户谈完之后，企业整合资源完成全国操作。这种商业模式在物流市场高速增长的粗犷阶段没有问题，因为那个阶段运力资源非常有限，货源极其充足，整合运力资源完成全国操作也是企业的核心竞争力。但到了2012年，B2B的运力资源逐步过剩，货源反而严重不足，物流市场进入僧多粥少的大洗牌阶段。因此，仅仅依靠整合运力资源已经不能成为企业的核心竞争力了。

因此，随着商业环境的变化，支持A企业一路高歌猛进的市场基础变了，不再是那个仅仅依靠整合资源就可以做第三方物流的时代了。所以，2012年，A企业的业绩下滑是必然的。如果不变革，如果不改变，A企业必然成为市场演变的牺牲品。因此，A企业如果要扭转乾坤的话，必须研判趋势，分析市场，鉴定市场，在市场上寻找持续赢利的源头。

那么，怎么研判趋势分析市场，怎么鉴定市场找到持续赢利的源头呢？这里有一个市场鸡的分析法，它是一种非常形象的市场分析技术，主要是利用企业内外的资讯数据，或者是竞争对手的情报，通过双项对比得出该项业务做，还是不做？选择，还是该放弃？具体是怎么比较的呢？

第一组比较：市场面积大小和市场容量规模。我们把市场容量规模作为横坐标，市场覆盖面积作为纵坐标，两坐标一交叉就形成四个象限，即鸡胸市场、鸡肋市场、鸡尾市场、鸡腿市场，这两项比较主要看企业现在的市场情况。如图2－1所示。

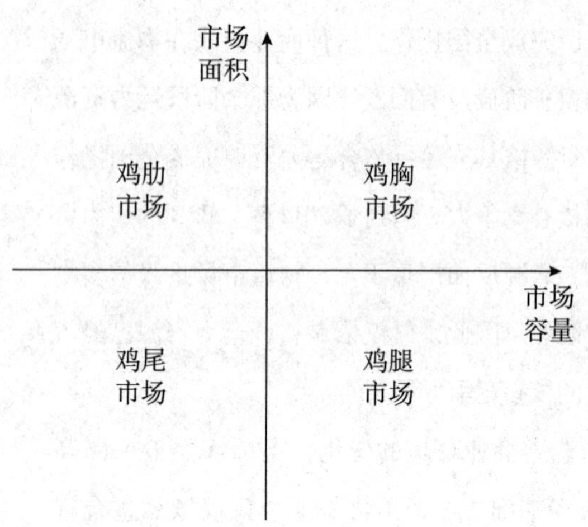

图2－1 市场面积大小和市场容量规模的比较

第一象限，市场覆盖面积大，市场容量规模大，称之为鸡胸市场。为什么叫作鸡胸市场？因为在一只鸡的身体上，鸡胸面积大，肉质肥厚，借用鸡胸表示这是一个利益丰盛的肥美市场。比如说大众日用消费品，油盐柴米酱醋茶这些东西，有人的地方就有需求，市场面积很大。而且每天都有需求，市场容量规模也很大。所以，这是鸡胸市场。

第二象限，市场覆盖面积大，市场容量规模小，称之为鸡肋市场。我们经常用鸡肋形容食之无味，弃之可惜，形容的就是覆盖面积大、市场容量规模小的市场。我们都知道甜酒在酿制过程中需要加一点酵母，像酵母这种商品就是鸡肋市场。因为它的市场覆盖面积大，几乎家家户户都会做甜酒、馒头，或者包子，只要你做这些东西就需要酵母。但是，你不可能每天都做甜酒、馒头和包子，即便做，酵母的用量也不大。显然，它的市场容量规模小。类似这样的商品，它的市场覆盖面积大，市场容量规模小，这就是典型的鸡肋市场。

第三象限，市场覆盖面积小，市场容量规模小的市场，称之为鸡尾市场。鸡尾市场是一个很形象的说法，因为鸡尾部分面积小，肉也很少，还不干净，并非美味佳肴，几乎所有企业都会放弃它。2011 年 5 月，笔者出版了一本书，书名叫作《物流销售实战教程》，它是第一部将现代营销技巧与物流行业完美结合的丛书，是一部创新之作，填补了行业的一片空白。我国现代物流早已风生水起，为什么这本书来得如此之晚？因为专门从事物流业态的人还是有限的，而且即便从事物流行业，也未必看书；即便看书，也未必看《物流销售实战教程》，所以市场覆盖面积小。还有呢，即便从业人员有这个需求，买一本就够了，不可能大量采购。因此，它的市场容量规模也很小。所以，这就是典型的市场面积小，市场容量规模小，鸡尾市场。

但是，鸡尾市场也有它的好处。正因为几乎所有企业都要放弃，如果你稍做努力就可以成为一枝独秀，可以借此赢得市场机会。这几年来，培训与咨询行业的竞争非常激烈，对于一个新生的进入者来说，很难有进入这个行业的机会。适逢国内以及国际物流巨头，像顺丰速运、联邦快递、DHL 等企业，他们正四处寻找有行业背景的培训师讲授大客户销售技巧这门课程。正因为写了《物流销售实战教程》这一本书，所以我在众多颇负盛名的培训师当中脱颖而出，赢得了合作的机会。

第四象限，市场覆盖面积小，市场容量规模大的市场，称之为鸡腿市场。鸡腿上的肉扎实，肉特别多，肉质特别好，而且非常美味，但是数量有限，一只鸡无论如何只有两条腿。所以，我们用鸡腿形容覆盖面积小，市场容量规模大，利润丰厚的肥美市场，像鸡腿一样。像军工产业、软件产业、娱乐影视、古董、奢侈品、艺术品、宠物等产业，它们的市场覆盖面积小，集中在发达地区，但是市场容量规模还是蛮大的，这就是鸡腿市场。

第二组比较：市场投入比率和市场增长率的比较，这一组比较主要是看未来的趋势，看以后的情况怎样。我们把市场增长率作为横坐标，市场投入比率作为纵坐标，这样一交叉也形成了四个象限，未来的鸡胸市场、鸡肋市场、鸡尾市场、鸡腿市场，如图 2 – 2 所示。

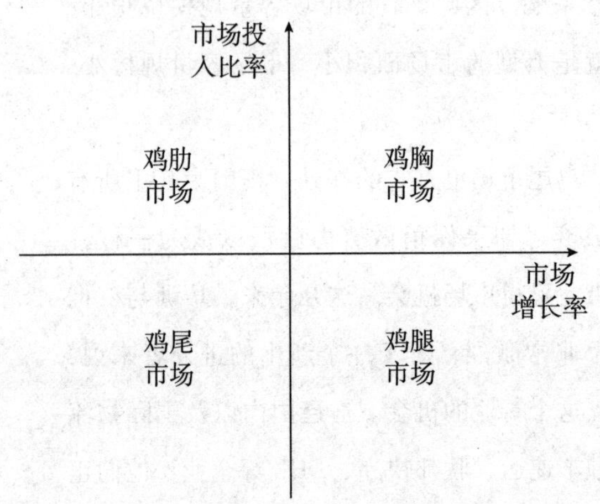

图 2 – 2　市场投入比率和市场增长率的比较

第一象限，市场投入比率大、市场增长率也大的新型市场，这是将来的鸡胸市场。移动互联网 + 、制造业服务化转型、装备智能化、产品智能化、智能工厂、新能源汽车等领域，它是制造强国“三步走”战略的重点项目。国家投入比率大，市场增长比率也很大，这就是将来的鸡胸市场。

第二象限，市场投入比率大、市场增长率小的市场，这是将来的鸡肋市场。比如棚户区改造、房地产、高速公路、高铁、沙漠绿化等，它的市场投入比率大，市场增长率不会很大。为什么呢？因为它的市场需求是有限的，很容易饱和，鸡肋市场。

第三象限，市场投入比率小、市场增长率小的市场，这是未来的鸡尾市场。比如钢铁、煤炭、水泥、玻璃、石油、石化、铁矿石、有色金属八大行业，截至2015年12月初，它们的生产价格指数（PPI）已连续40多个月呈负增长状态，对整个工业PPI下降的贡献占70%～80%，亏损面达80%，利薄如纸。2015年中央经济工作会议强调要着力推进供给侧结构性改革，而供给侧改革突破口是要对这八大行业的僵尸企业实行清退。显然，将来市场对这八大行业的投入比率会很小，市场增长也很小。所以，这就是将来的鸡尾市场。

第四象限，市场投入比率小、市场增长率大的市场，也称之为鸡腿市场。

企业应该选择哪一个市场，应该放弃哪一个市场？这要看企业规模大小、历史沿革，以及对趋势变化的预判。如果是一个大企业，行业巨无霸，一定要

占领鸡胸市场。因为鸡胸市场面积大，容量也大，市场收益也大。大企业体量大，消耗的能量也大，只有鸡胸市场才能滋润企业的成长，只有鸡胸市场才能支持企业的运营和发展。同时，我们还要看这个市场是处在成长期，还是消退期，是朝阳阶段，还是夕阳阶段。通过第二组坐标的比较分类，看它的市场投入比率与增长潜力。对于大公司来说，一定要选择市场投入比率大、市场增长率也大的市场。

如果是中小型企业，最好选择鸡腿市场。因为鸡腿市场的容量规模大，覆盖面积很小，总量有限，大型企业不会倚重。但对于中小型企业来说就是福音，因为它的市场分布十分集中，大型企业不重视，竞争小，效率高。而且投入比率小，投资回报率相当高。在战略选择上这叫避开主战场，避免与大公司正面交锋，先打侧翼战逐步积累实力，等到兵强马壮之时迂回包抄过去，一举拿下主战场。

那么，鸡肋市场呢？小公司必须放弃，大公司可以培育。因为它的市场面积大，而市场容量很小，总量不大。同时，它的市场投入比率大，市场增长速度却上不来，让企业不知深浅，不知所措，左右为难。所以，我们建议大企业慢慢培育，等待机会，小企业暂时放弃。

最后就是鸡尾市场，不管是大公司，还是小公司，都是要放弃的市场。因为市场面积小，容量也小；需要投入，但投入之后没有很好的回报。但这也要看市场的变化趋势。因为这四个象限是动态的，是变化的。可能在这个阶段它是鸡尾市场，在那个阶段可能就是鸡腿市场。可能在这个阶段它是鸡肋市场，在那个阶段可能就是鸡胸市场。

2011 年，笔者创办佐旺咨询进入培训咨询行业，主攻物流市场。当时，物流行业的培训与咨询市场面积小，容量也小，是一个典型的鸡尾市场。但是这个市场竞争压力比较小，没有什么人来做，稍做努力就能形成鹤立鸡群之势。更重要的是，这个行业的培训与咨询服务需要的投入不大，但市场的需求在持续增长，最近几年不少物流企业需要借助外部咨询公司推动内部组织变革，这个鸡尾市场突然变成了鸡腿市场。所以，尽管培训咨询行业竞争非常激烈，很多管理咨询公司纷纷倒下，连 IBM（国际商业机器公司）也宣布退出管理咨询行业。而我不仅企业销售业绩年年大幅度增长，而且因为笔者在这个行业长期积累形成的专业水平，受到了清华大学（职业经理人训练中心）的欣赏和重视，有幸成为了其特约合作教授，共商筹办“持续赢利孵化营培训项目”。这样一来，在咨询与培训领域便有本人的一席之地。因为笔者选择了一个鸡尾市场，没有人来做，竞争小，坚持十多年自然形成独有的竞争优势。从未来的发展趋势来看，这个鸡尾市场的未来，它会演变成为一个鸡腿市场，将来这个市场就好做了。所以，两组比较都要看，我们要看清楚它现在是一个什么样的市场，不久的将来它会是一个什么样的市场。

下面继续分享当年笔者是怎么辅导 A 企业分析和鉴定市场，以及研判趋势的。2012 年，A 企业依赖整合国内运力资源做 DHL（中外运敦豪国际快递公司）、TNT（全球领先的快递和邮政服务提供商）的二传手，做他们的国内操作。在运力资源不足，货源充足的时候这样做是可以的。但到了 2012 年，运力资源过剩，货源骤然下降，如果按照原来的经营模式必然

搞不下去。因此，必须分析市场、鉴定市场、研判趋势改变商业模式。那么，怎样分析和鉴定市场呢？运用市场鸡的分析法，看看公司内部业务的分布情况，看看公司内部的客源结构，然后内外进行对比。表 2－1 是 2012 年 A 公司的客源结构。

表 2－1　　2012 年 A 公司的客源结构

客户类别	业务明细	收入占比	合作客户数量（家）	毛利率
医药冷链	CRO 试剂	37%	33	40% 以上
	试验室样本	14%	17	
	药厂临床用药	16%	24	
正品备件	汽车备件	15%	10	30% ~40%
	IT 备件	10%	15	20% ~30%
行政物流	行政快件	8%	20	15%

从经营数据来看，医药冷链占公司销售收入 67%，毛利润高达 40% 以上。而且，通过与前几年的数据对比，我们发现医药冷链业项目的业务占比逐年上升，每年上升的幅度还比较大。那么，这里我们需要思考：为什么医药冷链运输占了 67% 的比重，而且毛利率高达 40% 以上？为什么医药冷链业务逐年上升，每年上升的幅度还比较大？这必然需要找到经营数据背后的原因，然后分析市场，鉴定市场。

怎么去寻找经营数据背后的原因呢？这需要站在整个市场大局的高度去看，需要站在整个行业发展趋势的角度去看。所以，我们就从中国《生物产业“十二五”发展规划》预测里去寻找答案。根据《生物产业“十二五”发展规划》的预测：2011—2015 年，生物制药市场规模将保持年均 20% 的增长幅度。据此推算，2015 年生物制药市场规模将达 33944 亿元，而医药冷链物流市场规模也将达到

781 亿元。所以，我们从中国《生物产业“十二五”发展规划》预测中轻松找到经营结果背后的原因，也看到了企业的未来。因为产业政策规划写得很清楚：生物科技、医药冷链是中国未来发展的趋势，市场规模保持年均 20% 的增长幅度。所以，我们不妨选择这个领域作为企业未来市场的主攻方向。当然，接下来还要进一步分析和鉴定，确认这个领域能不能作为企业的目标市场和主营业务方向，确认能不能把企业几百号人的身家性命都寄托在这一个目标市场上面。

怎么去分析和鉴定呢？可以运用市场鸡的分析法。两两对比去分析，看看它属于哪一个市场。先看第一组两项对比，产业分布面积与市场容量规模对比。从产业分布面积来看，医药冷链物流市场基本上集中在大城市——北上广深以及省会城市。所以，市场覆盖面积小。容量规模呢？反正一年下来有 700 多个亿的市场容量，700 多个亿的容量基本集中在一线、二线城市，市场容量规模比较大。根据产业分布面积与市场容量规模的对比结果来看，这就是一个鸡腿市场。当然，这一组对比是看现状的，将来呢？

第二组两项对比，市场投入比率与增长率的比较。中国《生物产业“十二五”发展规划》预测说这一块的投入比例逐年扩大，市场每年保持 20% 以上的增长率。所以，从市场投入与增长率来看，这将是未来的鸡腿市场。也就是说，不管从现在的情况来看，还是从将来的发展趋势来看，医药冷链都是一个

潜在的鸡腿市场。

根据市场选择原则，大企业应该选鸡胸市场，中小企业最好是选择鸡腿市场。因为鸡腿市场大公司选了也吃不饱，所以他们会放弃。正因为大企业放弃了，所以竞争压力比较小。而且由于市场覆盖面积小，很容易处于垄断地位，垄断企业有话语权、定价权，轻松实现利益最大化。更重要的是由于分布面积小，市场容量规模大，企业的资源使用效率高，操作与管理的集约化程度高。所以，鸡腿市场是中小企业的最佳选择。而 A 企业有 400 多名员工，30 多个分公司，600 多个合作网点，一年销售收入大概 2 个亿，正好是一家中型企业，完全匹配。所以，他们就选定这个市场，举全公司之力夺取这个市场。

总而言之，如果企业的赢利出现了问题，上工疗法从源头开始。根据商业常青法则，企业无不是遵循连接市场—制造产品与服务—优化团队—成就客户的商业逻辑，企业的源头在市场。所以，诊断影响企业持续赢利的问题，无疑要去市场寻找源头上的变化趋势。那么，我们怎样才能找到源头上的变化趋势呢？分析公司内部的客源结构和产品结构，站在市场大局的高度，从产业细分市场的发展趋势当中去寻找。然后运用市场鸡的分析方法找到适合企业的目标市场。需要强调的是，我们并不鼓励大家都去做医药冷链物流市场。因为毕竟市场容量有限，如果大家都去做，这个市场就不好做了，就没法做了。更何况领者兴，跟者累，A 企业已经遥遥领先了，你再进去已经晚了。所以，我们要学习的是方法，是原理，然后在自己专属的市场领域里面去鉴定，去选择，去找到属于自己的一片蓝天。

三、 找到组织失效的源头

企业的目标十分明确，就是要使自己具有竞争力，赢得客户的信任，在市场上活下去，甚至还能活得滋润。基于这个目的，自然就要选拔适合的员工，而且这些员工必须要艰苦奋斗。那么，员工凭什么在企业持续地艰苦奋斗呢？下面我们分享一个智猪博弈的案例。

在经济学上，有一个智猪博弈的经典案例，故事情节是这样的：

猪圈左边有一个踏板，右边有一个投食口。每踩一下左边的踏板，在远离踏板的投食口就会掉下少量食物。猪圈里有两头猪，一头大猪一头小猪。如果其中的一头猪去踩踏板，另一头猪就有机会抢先吃到另一边掉下的食物，如图 2－3 所示。

图 2－3 智猪博弈

但是，当小猪踩踏板的时候，大猪会在小猪跑到食槽之前吃光所有食物。如果是大猪踩踏板，它就有机会在小猪吃完掉下的食物之前跑到食槽抢到另一半残羹剩食。

这种情况下，大猪和小猪各自会采取什么策略呢？小猪就会采取搭便车的策略，守株待兔，在食槽旁边舒舒服服地等待大猪踩踏板。而大猪呢，它为了剩下的一半残羹剩食不知疲倦地奔忙于踏板和食槽之间。因为小猪踩踏板，它将一无所获，不踩反而有可能吃上食物。对小猪而言，无论大猪是否踩动踏板，不踩踏板总是最好的选择。而大猪明明知道小猪不会去踩动踏板，只好亲力亲为去踩踏板了。因为大猪踩踏板才会有食物吃，踩踏板总比不踩强。所以，这就是组织系统设计的缺陷造成谁去踩踏板就是造福他人，但自己的付出不一定有回报。如何改变小猪躺着大猪跑的现象呢？如果我们仔细研究不难发现，这里的核心要素是每次掉下的食物数量，以及踏板与投食口之间的距离。如果抓住这两点改变一下组织系统的设计，猪圈里还会出现小猪躺着大猪跑的现象吗？

方案之一：减量方案。

每次投放的食量仅为原来的一半，结果大猪小猪都不去踩踏板。因为如果是小猪踩踏板，大猪就会把食物吃完；如果是大猪踩踏板，小猪也会把食物吃完。所以，谁去踩踏板都是给对方做贡献，而自己却一无所获，所以谁也不会去踩踏板。如果组织设计的目的是要让大猪和小猪都去多踩踏板的话，这样的设计显然是无效的，这是改变方案之一。

方案之二：增量方案。

投放食量增加一倍，结果大猪小猪都会去踩踏板，谁想吃就会去踩踏板，但是这里面也存在问题。因为食量增加一倍，谁踩踏板都有得吃，大猪小猪的竞争意识和危机感都没有了，激励大猪小猪多踩踏板的目的显然是达不到。对于系统设计者来说，它的成本是相当高的，因为每次都要提供双倍的食物。正因为这个方案的成本比较高，竞争不强烈，激励大猪小猪增加投入多踩踏板的效果并不好。因此，这个方案也不行。

方案之三：减量加移位方案。

投放食量仅为原来的一半，同时将投食口移到踏板附近，保证每次落下的食物刚好吃完，结果小猪和大猪都拼着命抢去踩踏板。因为如果继续采取搭便车的策略在旁边等待，会得不到任何食物，只有多去踩踏板才能吃到更多的食物。

就以上三个方案而言，第三个方案无疑是最好的。因为它把踏板和投食口放到了一起，踩下踏板即刻就有食物吃。而且投放食量仅为原来的一半，每次落下的食物刚好吃完，不踩踏板就吃不到食物。所以，第三个方案紧紧抓住了每次掉下的食物数量，以及踏板与投食口之间的距离这两个关键要素，科学组合达到激励大猪小猪多去踩踏板的组织目的。

中国人民大学教授黄卫民组织一些教授编写了一

本书，书名叫作《以奋斗者为本》，这本书很火，很多企业都在学习。书里面阐述了华为价值分配的指导方针，那就是把员工的奉献和对奉献的回报紧紧地联系起来，让员工看到奉献者定当得到回报，不让雷锋吃亏。在这本书里还强调华为的薪酬制度不能导向福利制度，如果公司的钱多，应该捐献给社会。公司的薪酬要使员工在退休之前必须依靠奋斗和努力才能活得滋润。毫无疑问，华为的员工之所以狼性十足，任正非把智猪博弈的原理研究透了，而且用到了极致。

因此，如果企业有很多员工都在无意识地采取小猪策略，不劳而获坐享其成，我们不妨向华为的任正非学习，深入研究一下智猪博弈的原理，然后科学地梳理企业组织系统，让庸人和懒惰者没有土壤，企业的价值分配向优秀的奋斗者、有贡献者倾斜。

2012 年，B 企业分公司的员工积极性和主动性都不高，怎么调整都无济于事。接下来我们不妨去研究一下它的组织架构，看看他们的组织系统是怎么运作的。图 2－4 就是 B 企业 2012 年的组织架构。

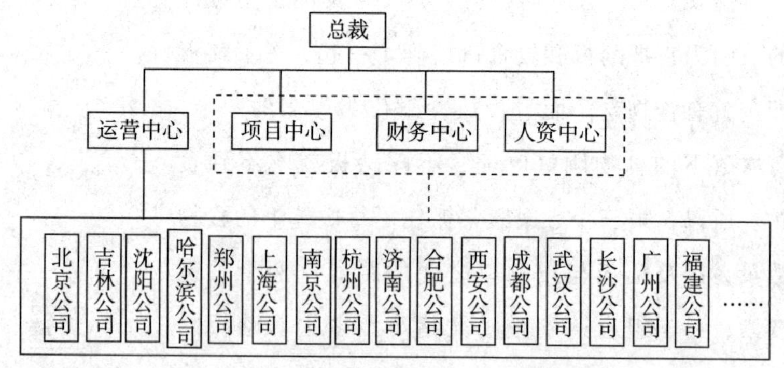

图 2－4　B 企业 2012 年的组织架构

2012年，企业市场定位是做项目物流，中央集权的管控模式。组织架构最上面是总裁，总裁下面有运营、项目、财务、人资四个中心。运营中心统管集团运营工作；项目中心负责完成内外业务对接工作，包括项目路由设计、项目报价、项目运作培训、项目日常管理与考核等；财务中心管钱管账；人资中心管人管事。集团下面有30多个分公司，分公司完成货物取派提送以及信息录入等日常工作。那么，如何考核分公司的业绩和发放绩效奖金呢？

B企业是这样开发客户的：其战略合作伙伴DHL、TNT等有业务就找项目中心，或者董事长、总裁找好项目以后，集团项目中心设计项目操作方案，客户通过了就开始合作。那么，如何计算分公司的业绩呢？营业收入归集到始发分公司，货物从哪个分公司始发，营业收入归集到这家分公司，这是开源方面的业绩计算。节流方面呢？各项成本控制完全由总部掌控，因为路由设计、分供方选择、承运商采购，都是总部统一管控，分公司只是按照总部的要求进行操作，但因此产生的成本归集到始发分公司，而且要考核分公司成本控制。运行一段时间以后，问题来了。有些分公司营业收入得分很高，成本控制得分也很高，所以绩效奖金拿得多。相反，有些分公司各项得分都很低，绩效奖金拿得很少。但是，决定他们绩效高低是分公司吗？不是，因为踩踏板的，开发客户以及控制成本的不是分公

司，而是集团总部。但是，最后的经营结果却归集到分公司，相对于投食落在分公司。因此，分公司的绩效高低，绩效奖金的多少跟自己的努力和付出没有关系。久而久之，分公司的总经理自然而然地变成了守株待兔的小猪，不劳而获坐享其成。

B企业看到分公司总经理松懈不作为特别着急，于是采取调剂薪酬、开展培训、调动岗位、加大奖惩等多项举措，但依然无济于事，因为没有找到组织失效的根源，没有对症下药。那么，B企业组织失效的根源在哪里？这与智猪博弈的案例极其相似，问题在于踏板与投食口之间错位了，开发客户、控制成本和费用由集团总部承办，但最终的结果却归集到分公司，以此决定分公司的兴衰荣辱。这是组织设计错位的经典案例，它没有厘清耕耘与收获的对应关系，不能保证剩余控制权和剩余索取权一致，不能保证多劳者多得。所以，再多的补救措施也无济于事。

正本清源是企业时刻需要反思的问题，因为头痛医头脚痛医脚不能彻底解决企业持续赢利的根本问题。追根溯源，毫无疑问需要到市场与内部组织系统的设计上去梳理，去挖掘。在分析和鉴定市场的时候，我们不妨借用市场鸡的分析法，找到目标市场，奠定企业生存与发展的基石。在内部组织系统设计上面，我们要向华为的任正非学习，研究和运用好智猪博弈的原理，在组织设计上保障利益分配向价值贡献者倾斜，让那些英勇善战、业绩突出的员工得到合理的回报。同时，也要让那些不劳而获的小猪没有生存的空间。

第二节
建立自主经营的运营体系

任正非对企业一把手的责任有一个形象的说法，叫作“布阵、点兵、陪客户吃饭”。布阵就是组织建设，组织行为建设，说得更透彻一点，就是要创建一个自主经营的运营体系。作为企业的一把手，布阵是摆在第一位的。那么，如何建立自主经营的运营体系呢？本节重点探讨这个问题。

一、企业运营体系的新特征

《孙子兵法·虚实篇》中说：“水因地而制流，兵因敌而制胜。兵无常势，水无常形，能因敌变化而取胜者，谓之神。”因此，企业运营体系，它会随着商业环境的变化而调整，并非一成不变。

1. 凸显市场的决定性作用

我国从 1978 年确立改革开放的经济政策，从此，我国开始步入从计划经济时代向市场经济转型的历史

阶段。而市场经济的一个基本特征，就是要公平竞争，每一个企业地位都是平等的，不应有特权。所以，政府要转变职能，实施政企分开。当然，早在改革开放之初，中央已经提出“转换政府职能，实施政企分开”的方针，但至今仍没有达到设想的目标。正因为这样，在很长的一段时期我国存在一种寄生经济，就像人体内的寄生虫一样，从依附体汲取营养而生存。在过去相当一段时间，中国的寄生经济占主导地位，中石油、中石化、中移动、国有银行、房地产等国有企业几乎都是从国家获得廉价的资源，并且得到方方面面的保护，形成特权垄断，不劳而获坐享其成。

2015 年 11 月 25 日，网易推出一则新闻，标题是——《马云、马化腾开银行，四大行急了!》据 2014 年中国 500 强最赚钱公司排行榜显示，前 15 名有 10 家都是银行，其中四大行以工商银行为首包下前四，8 家上市银行的利润占整个 A 股上市公司总利润的 44%，工商银行成功问鼎全球市值最高的银行，碾压一切，傲视群雄!

银行过去骄人的业绩并非在市场上深耕细作，而是政府干预下的寡头垄断，不劳而获坐享其成。从 2002 年开始到 2013 年，这是中国银行业最好的十年。当时银行存款利率 2%，贷款利润 5% ~8%，躺着就可以赚几倍的钱。因此，民营企业看到了依附的实惠，也在纷纷向国企学习，谋求得到依附体的庇护，寻思从依附体获得廉价的资源来提高企业的竞争优势。

寄生经济严重侵蚀了国家健康的经济体制和政治机体，侵害了人民群众的根本利益，它并不是市场经济的必然伴生物，而是要通过不断完善市场经济体制消除它。所以，2013 年 11 月 9 日至 12 日，党的十八届三中全会审议通过“市场在资源配置中起决定性作用和更好发挥政府作用”的重大理论观点。今后十年，我国经济、政治、文化、社会、生态文明等领域的改革都将有各自特定的主线和方向，但为了保证总的方向不会迷失，每个领域的改革不会偏向，这些改革都将“紧紧围绕使市场在资源配置中起决定性作用”这个主线来展开，都将围绕这个主线来推进。

中央明确今后深化改革的发展方向以后，市场的决定性作用开始持续发酵。今天，马云积极响应党的十八届三中全会精神，为了改变传统银行的垄断局面和滞后性，从市场的需求出发开了一家网商银行。马化腾为了将金融机构和互联网企业连接起来，开了一家微众银行。李彦宏为了跟上步伐补全金融布局，联手中信开了一家百信银行。他们将不设任何网点、任何柜台，不发任何银行卡，而是用互联网的力量来颠覆传统金融。

在新的政策方向下，企业排兵布阵建立开放式的运营平台，其核心思想就是要连接市场，在市场上精耕细作，得到市场认可，赢得客户的青睐。因此，新生互联网银行瞄准目标市场，心系用户，着力帮助客户解决问题。相对而言，小微企业急需资金求银行找贷款比登天还难，请客送礼拉关系也不一定奏效。而新型的互联网银行呢？点点鼠标，不用排队看脸色等时间，凭资信轻松贷款，1 分钟申请，最快 24 小时放款！而且首次获贷不满意 3 天无理由退息。在支付方面，马云、马化腾借助客户手里都有一部手机的便利条件，在客户手机上安装 App（应用软件），所以客

户购物、娱乐、旅游、充值、缴费轻松自如乐在其中，而且还不需要手续费。正因为马云、马化腾想客户之所想，新生互联网银行是客户生活上的贴心伴侣，事业上的好帮手，深受市场的欢迎与客户的拥戴，势头强劲，弯道超车的可能性极大。

在新的历史时期，企业建立持续赢利的运营体系，它必须要立足于市场，在市场上精耕细作，获得客户的持久青睐。同时，对内激发员工持续艰苦奋斗的动力，提高全体员工创造商业价值的能力和意愿。用任正非的话来说，企业长期生存下去的理由首先是客户需要你，为此，企业必须不断更好地满足客户的需求，为客户创造价值。那价值是靠什么创造出来的？一切价值都是人类的智慧创造出来的，华为没有可以依存的自然资源，唯有在人的头脑中挖掘大油田、大森林、大煤矿……企业真正具有巨大潜在价值的，能够创造价值的资源是人力资源。因此，在新的商业环境下，期待得到寄生体的庇护来运作企业这一条路走不通了，唯有像任正非一样，从客户和员工两个维度去布局建立营运平台，企业才能步入持续赢利的新轨道，才能走上基业常青的新台阶。

2. 拥抱时代潮流的变化

每个时代人们都有自己的思想、价值观和信仰，它对政治、经济与文化产生极大的影响，形成一股“时代潮流”。并且，时代潮流的形成是一种潜移默化的过程，逐渐渗透到各个领域，包括人们的社会意识形态与消费观念。我们不妨回顾一下改革开放以来时代潮流的迁移过程，特别是人们的意识形态与消费观念的变化。

当今社会的主流人群应该是50、60后，70、80后，还有90后。那么，50、60后的企业家，他们出生在一个什么样的环境，学习和工作是在一个什么样的环境呢？1959—1961年，连续三年自然灾害，要吃没有吃的，要穿没有穿的，家家户户都是一个样，就是穷。到了他们上学的时候，高考正好赶上了“文化大革命”，很多有志向的年轻人，他们的美好情怀就此耽误。人到中年，好不容易有一份稳定的工作，又遇到国企体制大改革，下岗大分流。所以这个时代的人，特别能吃苦，很容易满足，特别稳定，不爱折腾，很听话。那个时候流行“不听老人言，吃亏在眼前”。因为那个时候信息不发达，信息不对称，他们的信息来源就是领导，就是自己的长辈，他们的成长、他们的技能提升，也基本上来自于长辈和领导的传承。所以，这个时候我们称之为前喻时代。

前喻时代的人，他们的消费观念有什么特点？生活不讲究，但求实惠和基本的功能要求。假如他们夏天需要买衣服，关键就是穿起来要凉爽，冬天买衣服关键就是要御寒，只要满足基本的功能就行了，没有那么多的讲究，我们把这样的消费观念叫作功能感消费。因为这是那个时代物质稀缺，人们的思想意识单纯所形成的。那么，如果咱们企业所面对的客户是前喻时代的人，我们怎样把产品卖给他们呢？如果我们的员工是前喻时代的人，我们怎样去培养和管理他们呢？

接下来就是70后、80后，我就是这个时代的人，我们出生成长在一个社会变革的年代，正处在由计划经济向市场经济转型的年代。这个时代吃穿住的物质日益丰富，就是假货太多，水货太多，所以，70后、

80后相信品牌。比如我们用的牙刷和牙膏等日用品都要选品牌产品，我们穿的衣服也要选知名品牌的。什么都要用知名品牌，这就叫作品牌感消费。中国的改革开放有一个非常重要的特点，那就是没有前人的经验传承，怎么改，长辈们不知道，甚至领导也不清楚，用邓小平的话来讲叫作摸着石头过河。所以，我们这一代人的求知欲很强，年轻人向老一辈学习，老一辈也向年轻人学习。彼此相互学习，相互借鉴，这就是所谓的共喻时代。总而言之，共喻时代的消费意识就是品牌观念特强，逐步向体验式消费过渡。因此，如果公司产品面对的人群正好是共喻时代的人，我们有必要思考怎样去向这些人群销售产品？如果公司的员工是共喻时代的人，我们有必要去思考怎样培养和管理他们。

到了90后，他们出生在风和日丽的阳光下，成长在万千宠爱的期盼中，生活在信息、科技发达的互联网时代。所以，这一代人自我意识非常强，什么事情都是以自我为中心，他们懂得的新东西比我们还多。甚至上一代人不会的东西他们会，老一辈不知道的事情还需要他们来教。比如苹果手机下载游戏，微信发红包等，老一辈的人不会，得他们来教。所以，这个时候我们要向年轻人学习，这就是典型的后喻时代。后喻时代的年轻人，他们的消费意识里面就是要参与到产品或者服务的设计，甚至生产当中去，他们愿意购买自己参与其中的产品，或者是服务。因此，如果企业的产品是面对这样一群人，我们应该思考怎样去销售？如果企业员工基本上都是这样的一群人，我们就要去思考该怎样去管理。

总而言之，不管是消费者，还是员工，总的趋势来说，前喻时代的人越来越少，后喻时代的人越来越多。因此，我们应当拥抱时代潮流的变化，企业在市场定位、产品设计和营销系统的建立，以及内部团队建设和管理都要随着时代的变化而改变。

3. 从橄榄形向哑铃形的跨越

在传统的计划经济体制下，企业在创造价值的链条上，中间环节的生产能力非常强大，前端产品开发和后端市场营销非常薄弱，形成中间大、两头小，恰似橄榄状，故称之“橄榄形”。橄榄形的企业架构在计划经济体制下，无疑是对的，因为那个年代吃穿用最基本的供给相当匮乏，供不应求，所有的产品由国家统一调配，所以企业在技术开发、产品创新和市场营销方面无须大力投入，一有资金投入再生产即可，因为那边的市场空白等着你去填补。由于受到传统经济体制的影响，很多企业在技术开发方面投入严重不足，在市场销售方面的力度不够，重生产而轻开发，重数量而轻质量，重速度而轻效益，创新能力 DNA 严重缺乏，技术开发和营销 DNA 缺乏养分，发育不良极度萎缩，生产能力极度膨胀，成为典型的“橄榄形”结构。

改革开放 30 多年来，我国的市场经济体制的地位逐步加强，2013 年 11 月 9 日至 12 日，党的十八届三中全会提出了“市场在资源配置中起决定性作用和更好发挥政府作用”的重大理论观点。在市场经济条件下，市场竞争非常激烈，企业必须加强技术创新、不断推陈出新开发新产品，必须加强营销工作抢占市场份额。而在中间生产环节，由于社会化大生产程度越来越高，企业间专业化协作关系越来越紧密，因此

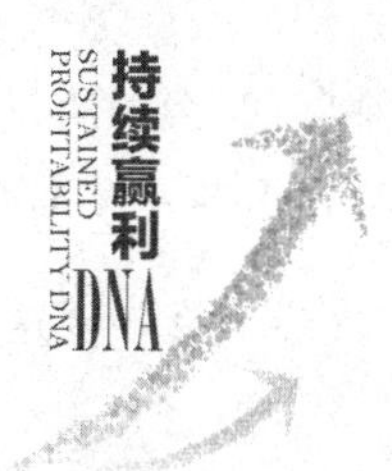

客观要求精减生产环节，强化产品开发和市场营销，形成两头强、中间精，形似哑铃的组织结构。

毫无疑问，在计划经济体制向市场经济过渡的特殊阶段，我国正经历从以卖方市场为主的短缺经济时代，逐渐进入以买方市场为主的演变。在改革开放初期，橄榄形的企业还是有一定的生存空间，因为那个时候是各行各业正处规模增长期，供给不足，需求旺盛，有产品就有市场，销售方面不用担心，技术上也不需要特别的要求，只需要满足消费者功能感的需求。但到了 2008 年金融风暴以后，低端产品严重过剩，吃穿用的产品供给极度丰富，而市场非常疲软。所以，现在很多传统企业纷纷转型，转型的重点就是从橄榄形向哑铃形的跨越，重视产品开发和市场营销，两头强，中间精。

二、 自主经营体的黄金圈法则

接下来如何调整企业的运营平台呢？我们不妨参考一下黄金圈法则。

1. 黄金圈法则的认知

美国有一位作家，名字叫作西蒙·斯涅克。他写了一部书，书名是《从“为什么”开始——乔布斯让 Apple（苹果公司）红遍世界的黄金圈法则》。他在书中提出：不管是做任何事情，都分为三个层次。如图 2 - 5 所示。

第一个层次，做什么？他的研究表明人人都知道自己是“做什么”的。第二层次，怎么做？他的结论是只有少部分人知道自己是“怎么做”的。第三个层次，为什么？只有极少数人知道自己“为什么”要这样做。最后，他的结论是唯有那些明白“为什么”要这样

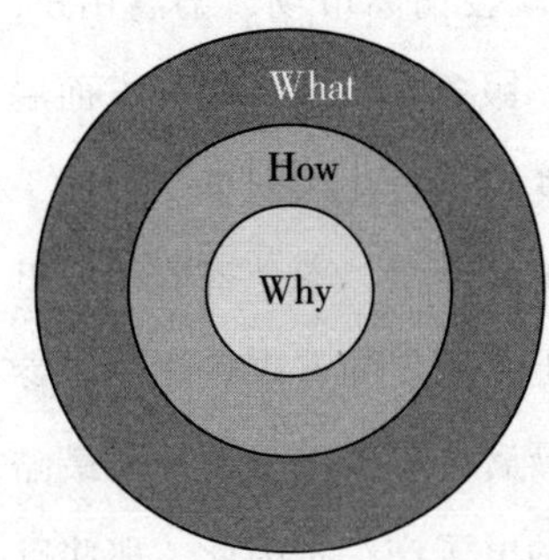

◆ 第一个层次：做什么

◆ 第二个层次：怎么做

◆ 第三个层次：为什么

结论：唯有那些明白“为什么”要这样做的人，才是真正的领导者

图 2－5　黄金圈法则

做的人，才是真正的领导者。

1997 年乔布斯回到苹果公司，他面对的是一个烂摊子，公司上年度亏损 10 亿美元，只有几个月就要破产了。盖茨惊讶 Apple 董事会居然绝望到要请乔布斯回来，戴尔讽刺 Apple 最应该做的是关门大吉还钱给股东。乔布斯不依靠任何垄断优势，在全球范围内设计、生产、销售数量如此巨大的顶级电子消费品，向索尼、飞利浦、三星电子、摩托罗拉、诺基亚等巨头企业挑战。那么，苹果频频胜出世界巨头的原因是什么？乔布斯带领下的苹果公司和其他企业不一样，面对手机智能化还是数字化的选型问题，乔布斯是从“为什么做”开始的，而不是“我是做什么的”来定位。对于苹果的竞争对手而言，尽管他们曾经也清楚要从“为什么”出发，可渐渐地，所有竞争对手忘记了为什么出发，忘记了为什么要这么做。所以，这些公司纷纷都用“我是做什么的”来定位自己的企业，我是做电脑的，我是做电子产品的，我是做成本的

等。一旦给企业有了这样的定位，他们就会偏离市场，偏离用户，最终企业的产品只能被迫在价格、质量、服务、产品特性等方面展开激烈的竞争。而乔布斯呢？乔布斯的梦想就是让人们享受智能手机的科技感，让人们享受移动互联网下的新生活，享受智能科技世界的美好体验。而且，乔布斯为了满足更多用户的需求，让用户参与产品设计，让粉丝参与体验和分享。最后，苹果公司设计出最酷最炫的移动产品，设计出最能打动用户的电子产品。因此，那些巨头们纷纷倒下，苹果公司脱颖而出。如果引用西蒙·斯涅克的话来说，无论乔布斯做什么产品，他都知道从客户为什么要选择我们开始。

员工潜能开发也是同样的道理，员工会不会干劲冲天充满激情，会不会永不衰竭地自动自发工作，也要从他们明白为什么开始？这里有一个很好的案例，莱特兄弟和塞缪尔·兰利。大家都知道莱特兄弟，大部分人却不知道塞缪尔·兰利这个人。

20世纪初期，人们对于载人动力飞机的热情就像当今的移动互联网一样，每个人都想去尝试，而塞缪尔·兰利拥有足够的“成功”筹码。因为他得到国防部五万美元用于研发飞机的投资，拥有足够的资金。而且，塞缪尔·兰利曾在哈佛大学工作过，也在史密森尼学会工作过，身边云集当时最优秀的人才。但是，为什么我们连塞缪尔·兰利这个名字都没听说过呢？

就在那个时候，奥维尔·莱特和威尔伯·莱特两兄弟，简称莱特兄弟，他们没有任何“成功”的筹码。他们没有钱，只能把经营自行车店赚的微薄收益作为实现梦想的基金。他们团队里没有人接受过大学教育，就连两兄弟也没有上过大学，都是毫不起眼的小人物。不同的是，莱特兄弟相信制造出载人动力飞机的伟大意义，而且愿意为此付出一切。所以，他们坚持自己的事业和梦想，坚定自己的信念，不计回报全力以赴。

在为什么要制造出载人动力飞机的问题上，塞缪尔·兰利想着怎样才能变得更加富有，怎样才能变得更加出名。结果莱特兄弟带领那些相信自己梦想的人，他们找到了工作意义，所以不计回报全力以赴地开展工作。而塞缪尔·兰利这个强大的团队只是为了薪水而工作，丧失了持续创业创新的激情。最后，在1903 年 12 月 17 日，莱特兄弟试飞成功，他们的壮举载入航空史册，莱特兄弟因此成为载人动力飞机的开拓者。而塞缪尔·兰利在莱特兄弟成功试飞的当天就放弃了他的研究事业。从此，塞缪尔·兰利这个名字在动力飞机领域销声匿迹。所以，人与人之间的不同，企业与企业之间的不同，或优秀，或卓越，或平庸；或成功，或失败，都是从明白为什么出发开始的，都是从明白工作的使命和价值开始的。

2. 黄金圈法则的具体应用

智猪博弈的案例告诉我们，组织失效的根源在于踏板与投食口之间的错位，造成耕耘与收获的脱节，从而影响大猪小猪踩踏板的积极性。诚然，企业家带领员工打拼十多年以后，好不容易有了一定的规模，如何继往开来再创高峰呢？变革组织系统，利用组织的力量推动企业运营平台的升级转型。企业在建立组织系统的过程中，同样存在错位的现象，同样会影响企业的长足发展。那么，如何消除组织系统错位的现

象呢？我们应该从黄金圈法则在企业组织建设中的应用谈起。

根据黄金圈法则，组织建设应当涵盖三个层次。第一个层次，做什么（What）；第二个层次，怎么做（How）；第三个层次，为什么（Why）。在企业内部分工当中，有些工作是属于Why这个层面，有些工作属于How这个层面，还有些工作属于What这个层面，这是我们要区别开来的。另外，作为董事会，作为治理层面，我们的工作处在哪个层次？作为公司总裁及管理团队，我们的工作处在哪个层次？作为公司基层员工，他们的工作处在哪个层次？这是必须要鉴定清楚的问题。下面我们逐一进行分析。

通常，企业经营有两端，一端是客户，一端是员工。所以我们需要从客户和员工两个角度思考工作怎么开展。如果结合西蒙·斯涅克的黄金圈法则，经营企业有三个层次的工作。所以，我们从内外两个角度，从三个层次把经营企业的事项分一下类。第一个，从客户为什么选择来看，它具体涵盖企业市场定位、产品设计、渠道建设、营销策略与商业模式等这些工作，它都要从客户为什么选择进行构思与运作。第二个，从激发内部员工的工作热情来看，我们要从员工为什么持续充满创业的激情着手，它具体涉及企业愿景、使命、价值观、人才策略与激励机制等内容。这些工作谁来主导设计，由谁来决策？显然，这是企业治理层要构思和决定的，也是董事会要考虑的事情。

2012年，B企业董事会，一方面维护大客户的客情关系，另一方面审核每一年的年度经营目标，以及赚了钱之后股东们怎么分。但是，他们却很少考虑市场定位、产品定位、营销策略以及商业模式等。他们对企业愿景、使命、价值观、人才策略与激励机制考虑甚少。其实，这是中国不少中小企业普遍存在的问题，企业家们冲锋陷阵尤为擅长，怎么分钱津津乐道，但是运筹帷幄、战略布局需要更上一层楼。

下面我们看看How这个层面的工作内容。它包含企业内部IE（工业工程）供应链、内部生产/运营活动、对外物流、市场营销、客户管理与服务等基本的经营活动；另外，还有企业基础设施、人力开发、技术/产品开发、采购等辅助经营活动，这些工作是需要统筹设计和规划的。谁来做呢？当然是经营管理团队来做。怎么来做呢？纵向来说，第一步要设计企业组织架构，各模块职能，各职能模块的岗位和编制，第二步要明确部门之间，职能模块之间，业务怎么流转，采购部跟生产部、品质部、销售部、物流部，它们的业务关系怎么来衔接。因为如果没有清晰描述如何衔接，大家都不知道怎么去做了。所以，管理团队需要制定企业运行的标准化作业流程。当然，公司业务怎么运作最关键的不是部门内部的流程，而是跨部门的流程，而是整个企业为客户创造价值的主流程。因为给客户创造价值的主流程并不是某个部门，或者某个岗位的流程，而是整个企业为客户创造价值的过程中形成的链条，在这个链条上各个部门环环相扣。因此，一个组织要高效运转起来，一定要把企业的主流程非常清晰地设计出来，把每个节点怎么做的标准制定出来，一定要让每个岗位，每位员工知道当下应该怎么做，下一步工作该怎么做，跟谁来衔接，衔接标准是什么。所以，这就是基于整体框架，形成企业主

体流程的作业标准、检查与考核标准、持续改进的方法和措施，最后形成一套卓越的管理模式，这是以总裁为首的管理团队需要理顺的事情。

还有一个就是What这个层面的工作。它涵盖工作目标与具体任务，各种作业工具的使用，还有岗位工作职责，职业指导书、SOP（标准作业程序）文件，年度、月度工作计划等辅助内容。这些工作是总裁带领管理团队督促全体员工时刻都要做的具体工作内容。

Why、How以及What三者之间有什么关系？三者遵循一致性原则，不能错位。How这个层面的工作是由经营管理团队来设计和规范。但是，它要服从与Why的要求，与Why的方向具有高度的一致性。What所属工作服从与How这个层面的要求，还与Why具有高度的一致性。所以，三者之间遵循一致性原则，下级服从上级。

2013年，我结合黄金圈法则进入B企业进行考察，结果发现B企业存在许多问题。什么问题？错位嘛，老板整天忙着去设计流程，去设计标准，甚至，干脆直接代替员工干活了。而员工们却天天空谈公司战略和方向。为什么？企业家不懂战略，只会干员工的活。而员工呢，本职工作都让领导干了，自己没事干了，闲得慌。加上整个公司没有一套完整的辅导、监督与纠偏的体系，所以最后公司的运营系统走样了，这就是错位引起的综合症状。总而言之，越位、错位，这是企业很容易出现的问题，我们应当参照黄金圈法则加以矫正，这是企业搭好持续赢利的自主经营平台必须要重视的工作。

三、自主经营体五要素

持续赢利的共赢平台如何接地气？运营体系如何连接市场贴近客户？全体员工如何更好为企业创造价值？毫无疑问，这就需要梳理构成企业自主经营平台的五个要素。

1. 全新的职能定位

自古以来，组织建设有两个方向，一个是严格控制，一切尽在掌握中；一个是信任放权，充分挖掘主人翁意识。北宋时期的开国皇帝宋太祖赵匡胤就是典型的严格控制型。陈桥兵变黄袍加身，赵匡胤不费吹灰之力轻而易举登上皇帝的宝座。前车之鉴，赵匡胤登基之后采取枢密院、督导府、大将军三方分权的治军方略，杜绝军事哗变再度发生。那么，军队如何行使保家卫国的职能呢？

如果有战事发生，枢密使负责派兵，皇帝负责选派大将军，而且亲自制定作战方略，大将军依照皇上制定的作战方略行事，中途不得修改。虽然大将军带兵打仗，但是对军队没有人事选拔和录用的权利，也没有日常管理与训练的权利。因为军队人才选拔、日常管理以及训练由督导府负责。大将军、枢密院、督导府三方相互制衡，相互牵制，这是典型的三权分立。

北宋时期三权分立的治军方略，它的利与弊在哪里？利就是相互牵制，造反没戏。因为枢密院有兵无将，造反不可能；大将军虽然会带兵打仗，但是手下无兵。因为军队的人才选拔、日常管理以及训练由督导府负责。而督导府虽然手中有兵，但是无权带兵，也无权派兵。所以，造反彻底没戏。弊端是削弱了军队的协同作战能力，内耗太严重。如果真有战事发

生，不堪一击。所以，北宋时期虽然名将辈出，先后出现了文天祥、呼延赞、杨延昭、狄青、种世衡、韩世忠、岳飞、牛皋、辛弃疾、寇准、包拯（也就是包青天）、王安石等一大批名将，国力也非常强盛。但是，北宋时期基本上没有打过胜仗，只有挨打的份，每次打完之后都是割地赔款。

北宋时期中国面临种种难堪的局面，它不是偶然，是历史的必然。因为军队建制的重点是相互牵制、相互制衡防止政变，而非保家卫国。

北宋末年，起义领袖宋江不仅作战勇敢，身先士卒，大仁大义，更重要的是宋江在组织设计方面有可取之处。那么，宋江的组织系统又是怎么设计的呢？如图 2－6 所示，它是支持型的，是扁平化的，宋江做坚强的后盾，总部的智囊机构给予大力的支持。然后马军、步军、水军各管一片天地，让他们放开手脚去自谋发展。

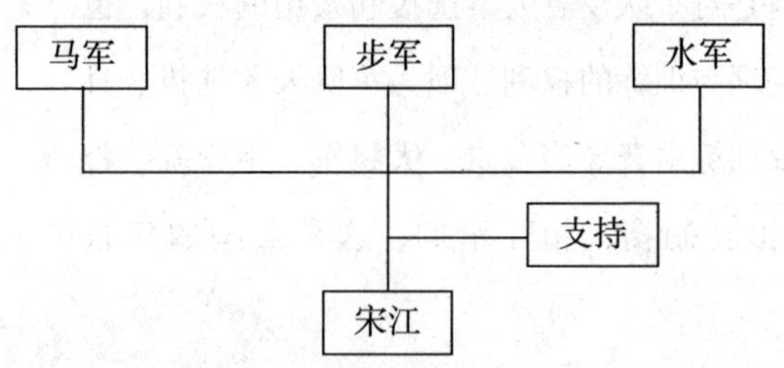

图 2－6　宋江的组织系统

正因为扁平化的、开放型的组织架构，并且采取自主经营的合伙人模式，你的地盘你当家，我只是来辅导你、支持你、指导你，充分发挥部属成员的主人翁意识。所以，在极其困难的情况下，宋江所带领的团队人才奔腾，事业汹涌，成为北宋末年一股不可忽视的重要力量。

北宋两种截然不同的组织设计思路，一个是严格控制，一个是信任放权。如果从维护最高统治者的长治久安，维护王权继位连绵不绝的角度来说，赵匡胤所采取的分权制衡无疑是对的。如果从开疆扩土，不断增强组织自身的竞争力来说，宋江所采取的信任放权，给予支持与辅导是最佳的策略。但是，作为企业来说，我们应该怎么做呢？任正非正好回答了这个问题，他说："企业的生命不是企业家的生命。一个企业的魂如果是企业家，这个企业就是最不可靠的企业。在华为，我们要建立一系列以客户为中心、以生存为底线的管理体系。这个管理体系里，企业之魂不再是企业家，而是客户需求。客户是永远存在的。我认为华为的宏观商业模式，就是产品发展的目标是客户需求，企业管理的目标是流程化组织建设。同时，牢记客户永远是企业之魂。"

接下来我们结合北宋时期两种截然不同的组织设计案例，继续分析 B 企业 2012 年的组织架构，参见图 2－4。

在既定的组织架构下，B 企业每一个省公司的总经理，实则相当于赵匡胤派出去的大将军。但是，这些大将军即便遇到目标客户也无能为力，因为客户的路由设计、项目报价是由项目中心来设计的，分公司必须按照项目管理中心的路由进行操作。并且分供方、承运商由集团总部管控，节流也很被动。因此，B 企业分公司总经理即便有开拓市场引进客户的能

力，即便具备优化运力资源降低成本的能力，也只能被动接受，主动创造几乎不可能。

那么，任何企业都要具有开源与节流的能力，显然就要变革。怎么变呢？经过一番激烈的争论，最终我们参考了自主经营体的组织模式，确定参考扁平化、开放型的组织架构，如图2－7所示。

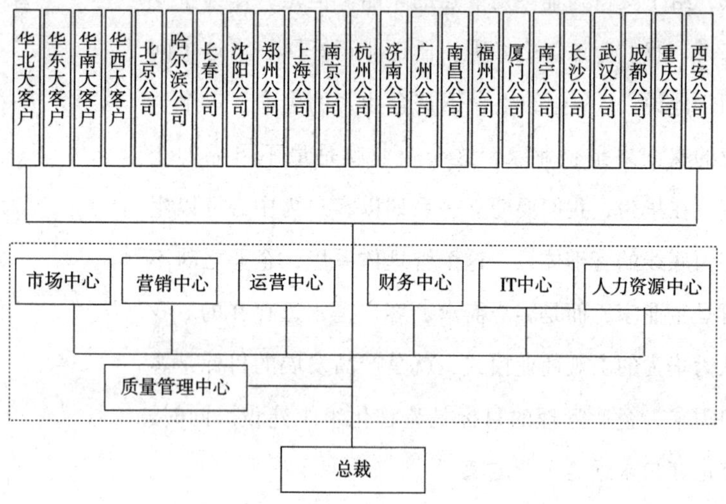

图2－7　扁平化、开放型组织架构

总裁在最下面，总裁上面有质量管理中心、市场中心、营销中心、运营中心、财务中心、IT信息中心以及人力资源中心等，它们作为后端职能协同单位。然后上面是四大区域的大客户部，以及30多个分公司作为前端冲锋单位，它们的职能定位呢？

总裁负责把握方向，提供资源与支持，带领管理团队搭建高效运作的企业平台，最终形成卓越的经营模式与管理模式。同时把控企业运作平台的质量关，组织各个单位完成年度经营管理目标。

质量管理中心参照ISO 9000认证标准、安全认证标准、GSP标准制定质量管理体系，培训、督导各单位认真执行标准操作，确保公司运作品质稳步提升。并通过有效的保险与理赔方案设计与实施，提高客户的黏性，积极稳妥推动企业各项资质向前跨越。

市场中心锁定企业市场定位、摸清目标客户分布情况及潜在需求，开发吻合市场预期的产品，形成标准产品配置和说明手册，确保企业产品的领先性。同时积极做好市场推广工作，培育员工市场意识以及开拓市场的方法。

营销中心制定产品价格，并联合 IT、市场、财务以及营运中心，完成网络版对外报价体系，主导制定企业营销目标、策略和销售激励政策，通过完善 CRM 系统（客户关系管理系统）落实营销任务分解与追踪辅导。营销中心有一个非常重要的工作，需要统计与分析目标客户选择对手的原因，甄别这些情况属于产品问题、价格问题，还是公关手段的问题，然后找到化解的办法。

运营中心划分各个分公司的服务范围，统筹管理承运商、分供方，制定各项业务的路由与服务标准，主导信息系统建设与信息流的管理。同时为大客户部与分公司提供操作指导与具体支持。

财务中心以推动阿米巴经营模式作为突破口，根据销售受益与操作受益的原则，为经营单位算好账做好经营报表。同时，继续做好集团财务管理报表和会计报表，做好资金管理，保证资金的安全性。

企业赋予人力资源中心薪资、福利、奖金分配的权利。人力资源中心科学统筹薪资、福利与奖金分配，做好人力资源各个模块的工作，为企业发展选拔、培养和留住优秀人才。

从内部价值链上来说，市场、营销、运营、财务、IT以及人力资源中心统称职能部门，它们是后方协同单位，通过制定作业标准、提供指导、统筹资源支持前端大客户中心和分公司创造更好的绩效，而不是官僚与权贵。准确地说，后方职能协同单位是为前方大客户中心和分公司提供服务和保证的，是前端经营单位的供应商。因此，职能部门要接受前方单位的考核，就像供应商必须接受客户的考核一样。那么，职能部门应该怎样开展工作呢？它们要把复杂的工作拆分为标准的、简单的、傻瓜式的模板，形成标准，形成模式，这样员工容易掌握，客户容易参与，这就是企业自主经营的平台建设。

接下来如何开拓市场发展客情关系呢？B企业设计两个抓手，一个抓手是分公司，企业有30多个分公司；一个抓手是大客户中心，有华北、华南、华东、华西四个大客户部。既然都是抓手，他们之间如何协同作战共享共赢呢？

分公司的职能涵盖品牌展示、保质保量完成操作、开拓区域市场发展客情关系创造利润、培养人才四个方面。因此，分公司必须在日常工作中维护企业品牌形象，在取派提送的过程中体现企业专业水平，举手投足之间赢得市场的赞誉。更重要的是，分公司要完成货物提取、入库、包装、分拣、派送、出港以及IT信息录入的运营操作，这是分公司的基础工作，也是企业存在的基础。然后在此基础上做好客情关系，做好分公司所属客户的深度营销和日常维护工作，开发分公司所辖业务，完成分公司的销售目标。最后，需要强调分公司的管理问题，比如及时处理异常事故，保证操作质量，收回分公司客户的应收账款，形成积极向上的员工团队，井然有序地开展各项工作等，这是对分公司的定位。

大客户中心的职能是市场调研、开发与维护项目客户创造利润，同时协助分公司开发大客户。首先，大客户部需要协助企业调研市场，掌握竞争对手产品类型、价格、竞争手段等信息，深度挖掘项目客户的需求，积极参与产品设计。然后在此基础上开发项目客户，完成项目客户的销售额与利润目标，以及现有项目客户的深度营销。在管理上，大客户部同样需要收回应收账款、培养人才等。

B 企业的组织设计和职能定位，其目的在于形成拥抱目标市场—制造产品和服务—优化团队—成就客户这样一套完整的商业链条关系，让企业贴近市场，连接客户。B 企业的组织系统变革思路，正是稻盛和夫所倡导的阿米巴经营模式。现在有了一个新名词，叫作自主经营模式，其实就是一回事。它有什么好处呢？原来整个企业是一个经营单位，现在把整个企业划分为 30 多个经营单位，每个经营单位的负责人就相当于这个单位的老板，企业一下子就变成 30 多个老板。原来是给老板打工，而现在自己就是老板，你的地盘你做主。原来只有老板一个人睡不着，现在变成了 30 多人睡不着。所以，这样一变革就把各个分公司，以及大客户部的创造性激发起来了，整个企业的战斗力激发出来了。更重要的是，企业更加贴近市场，更容易开疆扩土。

2. 建立内部结算系统

智猪博弈的案例告诉我们，组织系统的设计要保证一分耕耘一分收获，同时还要保障公司利益的最大化。那么，建立持续赢利的自主经营平台，更需要在明确各个单位职能的基础上，把每项工作价值化、价格化。也就是确定做好某一项工作它的价格是多少，多少钱，谁来支付，支付给谁等形成一个内部交易的结算体系，最后形成每个价值创造单位的经营核算报表。在经营核算报表上，员工给企业做出的贡献是什么、贡献有多大一目了然，只要根据贡献的大小论功行赏就可以了。

（1）建立内部结算系统三步骤

建立内部结算体系遵循以下三个步骤。

第一步，梳理公司主营业务内部价值产生的流程。也就是说，业务进来之后，直到形成最后交付的产品，企业内部价值创造是怎样流转的，它经过哪些节点。

第二步，明确主体单位与协同单位。在流转的过程中，明确哪些单位是创造价值的主体单位，本书定义为主体经营单位，或者利润单位（SBU），比如采购部、生产车间、销售部门等。接下来确定哪些单位是协同单位，即 SDU，比如人力资源部门、财务部门等。

第三步，鉴定主体单位的投入和产出，确定结算价格。在流转的过程中，每个主体经营单位他们有什么投入？比如说人工、原材料、机器设备、场地、资金占用等。然后产出是什么，在整个产品交付形成过程中，其产出的价值贡献率占多少比重，在这个基础上确定结算价格。

建立结算体系的步骤特别简单，但是操作起来比较复杂。因为公司业务种类和产品是多样化的。正因为业务范畴的多样化，企业内部价值创造的流转环节不一样，主体单位的参与程度和贡献率也不一样。因此，我们需要逐一去鉴定，逐一去计算，工作量是很大的。

下面我们讲一个简单的案例，某工厂内部定价的简易模式，如表 2－2 所示。

首先，梳理内部价值创造的主体流程，即外部原材料—采购—A 工序—B 工序—C 工序—D 工序—成品包装—销售—配送出货—售后服务，这是该产品企业内部价值链创造必经流转的环节。但凡生产销售一体化的企业，基本上都是这样的一个流程。流通型企业、服务型企业大同小异。所以，我们选择生产销售一体化的企业做一个简单案例演示。

其次，确定哪些单位是价值创造的主体单位，哪些单位是价值创造的协同单位。这里是从原材料供应商开始，内部的采购科、生产车间的 A、B、C、D 四个组，包装科、销售科、配送科、售后科等，它们都是价值创造的主体单位。市场部、营销部、质量管理部、财务部以及人力资源部，这些单位都是协同单位。为什么要把主体单位与协同单位区别开来？因为两者的结算规则是有差异的。所以，我们把它们区别开来。

最后，在鉴定主体单位投入和产出的基础上进行内部定价。采购单件原材料的进价是 135 元，然后交付给客户的价格是 460 元，价值变化很大的原因是经过了内部价值产生的十个环节，九个直接参与单位，五个协同单位。因此，我们要结合各单位的投入和产

表 2-2　　某工厂内部定价的交易模式

主体流程	外部原材料	采购	A 工序	B 工序	C 工序	D 工序	成品包装	销售	配送出货	售后服务
主体单位 SBU	原材料供应商	采购科	A 组	B 组	C 组	D 组	包装科	销售科	配送科	售后科
结算价格	135 元	150 元	195 元	245 元	335 元	385 元	405 元	455 元	460 元	免费
协同单位 SDU	市场部/营销部/质量管理部/财务部/人力资源部									
假设该产品从原材料采购到配送出货经历四道工序，以及成品包装、配送出货等服务环节										

出进行内部结算定价。比如，采购科单件原材料的进货价格是 135 元。但是，它交付给 A 组的价格是 150 元，因为采购科把原材料从外部供应商采购回来也有投入，人力成本、原材料物流成本、原材料的仓库管理成本的投入等。A 工序出来的还是半成品，但是，因为有了 A 工序之后，才能进入下一道工序。所以，A 工序也是在创造价值，也应该得到应有的回报。怎么回报，通过价格差异的结算。比如，采购科给它单件的进货价 150 元，A 组给 B 组的价格就是 195 元，这里面就有一个差价，这个差价体现 A 组在价值链上所创造的价值。以此类推，B 组 195 元进来，经过他们的价值创造之后，245 元卖给 C 组，中间有一个 50 元的差价。C 组 245 元进来之后，经过他们的价值创造，335 元卖给 D 组。D 组经过它的价值创造之后，385 元卖给包装科。包装科 385 元进来之后，经过他们的价值创造，405 元卖给销售科。销售科交给配送科单价是 455 元，配送科有 5 元的价值空间，最后这个产品以 460 元的价格交付给客户。当然，最后还有售后服务，他们可以向客户另外收取服务费用。所以，我们经过梳理价值链创造的流转环节，确定参与价值创造的主体单位，明确每个单位的采购价格与交付给下一个单位的价格建立内部结算体系，形成内部交易平台。

除了价值创造主体单位（SBU），协同部门（SDU）也在协同创造价值。比如说，财务部门做各种财务报表、做经营分析，而且你还占用了企业的资金，这些都是要费用的。人力资源部门招聘、培训，以及各种后勤保障，还有信息、运营、品质、市场营销等部门。所以，协同单位是前端价值创造部门坚强的后盾和强大支持，我们必须给它们支付酬劳保障其运营，协同部门也因此成了主体经营单位的“费用部门”，我们要给它们费用。

这个费用怎么一个给法？简单的做法就是按照比例提取。按照什么比例呢？按照历史占比，因为即便企业没有推行阿米巴经营模式的时候，这些部门照样存在。按照存在即合理的原则，看看这些部门原来的费用占企业收入多少比例，参考这个比例提取作为结算价格的依据。当然，如果需要更加精准，可以按照项目来收费，把协同单位的服务项目列出来，然后按照谁使用、谁受益、谁承担的原则确定结算价格。

（2）结算定价的方法和原则

我们掌握了建立内部结算体系的三个步骤以后，接下来就要考虑内部价值链的各个环节上到底定多少钱比较适合，其定价原则和方法是什么？

总的来说，内部结算定价遵循合理、简单、易操作、易核算、符合市场预期五项基本原则。而且，这五项基本原则有其先后顺序，合理排在第一位，在合理的基础上，要求简单、易操作，易核算、符合市场

预期。因此，不能因为要追求简单、容易操作、容易核算而影响内部结算的合理性。

内部结算定价有同步比率法、标准工程定价法、市场影子定价法、绝对佣金定价法、交易协商定价法等。

什么是同步比率定价法？最后交付给客户的成交价格减去原材料供应价格，确定中间可以分配的金额。那么，这个差额如何分配给价值创造的主体单位呢？梳理内部价值链看经历了哪些单位，根据每个单位的贡献率确定一个比例，用这个比率值乘以可以分配的额度，这就是同步比率定价法。同步比率法相对来说比较简单，容易操作，容易核算，但不一定合理。按照比率一算，高收入产品主体经营单位收入高，低收入产品主体经营单位收入就少了，甚至会干得越多，亏得越多。为什么？因为本来就是一个亏本的买卖，按照比率一算，参与单位不赚钱了。

B企业做内部结算体系之初，财务中心采取同步率定价法，参考历史数据给董事会一个比率，集团总部一个比率，给价值创造主体单位，也就是各分公司完成取派提送，以及中转等各个环节都有一个比率。对于高利润的产品来说，每个分公司都是合算的。因为产品本来利润比较高，按照比率算下来每个环节都很高。但是，对于一些利润不高的产品来说，有些环节按照比率一算下来价格太低，不合算。结果有些分公司干的都是一些利润偏低的业务项目，按照比率算下来，价格太低，不合算。所以干得多，亏得多。

那么，怎么解决这个问题？采用标准工程定价法，按照标准操作，结合标准操作需要的工时、设备与原材料等费用和成本来定价。不管该产品，或者业务项目对外报价是多少，只要按照标准操作，结合标准操作需要的工时、设备、原材料的费用和成本来定价。标准工程定价法可以克服同步比率法所带来报价不合理的问题。因为它是按照标准操作需要的工时、设备、原材料投入的相关费用和成本来定价，实实在在没有水分，但工作量比较大、因为按照标准操作需要的工时、设备、原材料成本和费用，这是要实实在在去核对和计算的，工作量很大，它是一项非常庞大的工程。

市场影子定价法，它是参考市场上完成这项工作需要多少钱，根据市场行情进行内部定价的方法。这个方法特别适合跟随策略的企业，因为行业领先者往往会做一些标准性的东西，包括内部结算定价，我们拿过来参考一下。

绝对佣金定价法，在项目总收入当中直接提取一定的比例作为酬劳支付，这就是绝对佣金定价法。最后就是交易协商定价法，主体经营单位之间协商一个价格。

具体用什么定价法呢？根据我的经验，开始可以考虑同步比率定价法，然后参考市场影子进行微调。因为内部比率也是可以调节的，我们可以把这个比率调到一个相对合理的值就可以了。这样操作比较简单，同时结合市场影子定价法微调也比较合理。如果有条件，像富士康这样的企业，因为它的操作标准，工时、原材料以及设备使用情况都是容易测量出来的，那完全可以采取标准工程定价法。因为这样偏差很小，相对非常合理，操作也不复杂。

3. 完善的财务报表系统

通常，企业有财务会计报表和财务管理报表就够

了。如果企业筹建自主经营平台推行阿米巴经营模式，则需要另外的一套报表，叫作主体经营单位的经营效益报表。这三套财务报表有着各自编制的规则、用途，及其局限性，下面我们具体给予介绍。

财务会计报表是根据会计法规，以资产负债表、利润表和现金流量表这三大报表为主的会计报表体系。其中资产负债表反映企业在某一特定日期（年末、季末或月末）的资产、负债和所有者权益数额及其构成情况的会计报表。它是以“资产 = 负债 + 所有者权益”这一会计恒等式为理论根据，按照相对固定的分类标准与次序把企业一定日期的资产、负债和所有者权益项目予以适当排列，并从企业总分类账、明细分类账等基本会计资料中摘取相关的数据编制而成的。

利润表则是反映企业在一定期间的生产经营成果及其分配情况的会计报表。

现金流量表是反映企业会计期间内经营活动、投资活动和筹资活动等对现金及现金等价物产生影响的会计报表。它动态反映企业现金变动情况，为报表使用者提供企业在一定会计期间现金的流入、流出与结余情况的信息。

总而言之，财务会计三大报表是根据国家会计法规要求，对日常会计核算记录的数据加以归集、整理，使之成为有用的财务信息，真实反映企业对现有整体资源的有效利用和安排。同时，它必须定期对外公布和报送外部与企业有经济利害关系的各个集团，包括股东，长、短期债权人、政府有关机构。因为它可以解释、评价和预测企业的绩效。但是，财务会计报表有它的局限性，如果用它来具体指导企业怎么经营还是有段距离。因为这套报表都是在考核企业年度末期，或者一个季度的末期才制定出来，如果我们要拿这个数据做决策就晚了，时间已经过去了，是典型的事后诸葛亮。

那有没有办法改进它的局限性呢？当然有，这就是管理会计报表。它来自于基本会计资料、会计报表以及日常经营数据等，涵盖有效产出、运营费用、库存成本。

有效产出是单位时间内，从产品的销售收入（S）中扣除原材料、零部件的采购、分包费用之后企业所赚到的钱，即通过实现产品销售来获取盈余。运营费用，它是生产过程中将原材料转化为有效产出所花的一切费用，包括直接费用和间接费用，如人工费、销售费用和管理费用等。库存成本是指企业经营过程中一切暂时不用的资源，如原材料、在制品、未折旧的固定资产和未销售出去的产成品等所占的资金。

显而易见，如果提高有效产出，降低库存成本和运营费用，企业净利润和投资收益率都会提升，现金流量也在改善。而企业有效产出、运营费用和库存成本可以借助IT信息管理系统和完善的管理手段随时都能获取和归集。由此可见，我们随时可以通过财务管理报表轻松找到改善经营活动，提升净利润率、投资收益率和改善现金流的方法和措施。因此，财务管理报表切实可以指导企业的实际经营活动，这个报表不能少。

如果企业推行阿米巴经营模式激发团队创新创业的激情，激励员工像老板一样去开源节流，那必然要有与之相对应的财务报表作支持，这就是经营会计报表的范畴。为了让读者更容易掌握，我把B企业的经营会计报表简化了，如表2-3所示。

表 2－3　　B 企业的经营会计报表

项目	部门	营销管理中心（SBU）			运营管理中心（SBU）			集团
		分公司	大客户中心	小计	车辆调度	客服部	小计	合计
对外销售额（客户销售）				–			–	
内部销售额收入				–			–	
销售收入总额								
变动费用	内部结算成本			–			–	
	自有车辆成本						–	
	外租车辆成本			–			–	
	承运商成本			–			–	
	系统使用成本			–			–	
	返款（返点）			–			–	
	业务招待费			–			–	
	交通差旅费			–			–	
	通信费			–			–	
	工资（绩效）			–			–	
	其他变动费			–			–	
	小计	–	–	–	–		–	
边界利益＝销售收入－变动费用		–	–	–	–		–	
固定费用	房租			–			–	
	工资（岗位）			–			–	
	水电费			–			–	
	办公费			–			–	
	维修费			–			–	
	广告宣传费			–			–	
	工伤医疗费			–			–	
	待摊费用			–			–	
	固定资产折旧			–			–	
	社保费			–			–	
	培训费			–			–	
	生活费			–			–	
	其他经营费			–			–	
	小计	–	–	–	–		–	
贡献利益		–	–	–	–		–	

注：贡献利益＝边际利益－固定费用

经营会计报表通常涵盖三大模块，每个模块的介绍如下：

第一个模块，收入项归集。对外销售收入归集，它是企业外部客户支付给主体经营单位的；对内销售收入归集，它是服务集团内部客户产生的收入。如果分公司帮助内部兄弟单位完成取派提送的操作，它就会得到相应的收入。

第二个模块，变动费用。它是随着产品产量或商品流量的变化而按比例增减的那部分费用，如原材料费用、包装费、运输费等。那么，对于物流企业来说，变动费用涵盖内部结算成本、车辆成本、承运商中转成本、销售提成、业务招待费用、交通费、通信费等。这里还涉及一个概念，边界收益。所谓边界收益，它是销售收入-变动费用所得到的结果。通常来说，边际收益反映了一个经营单位的毛利率水平。

第三个模块，固定费用。它是短期内不会随产量，或者工作量变化而变化的费用。比如房租、员工基本工资、水电费、总部分摊费用、固定资产折旧费、社保、广告宣传费用等，这些费用项目是不会随着产品销售或者内部工作量变化而变化的。

经营单位对企业的利润贡献等于边际利益-固定费用。固定费用不会影响有效产出，但是变动费用是会影响有效产出的。所以，变动费用部分不是一味地节省。因为像销售提成、业务招待费、经营单位分红等，如果把这些变动费用也省下来，那势必影响员工

开发客户的积极性，最终就会造成有效产出的减少，得不偿失。因为变动费用占总额的比例是很小的，用这个很小的一部分去撬动一个很大的有效产出，它是很划算的。

笔者在辅导 B 企业的时候，原来它们有一个老客户维系奖励。如果老客户能够保持什么样的业绩水平，相关人员就有一个奖励。这个奖励实际上就是变动费用，当时这个奖励也不多，但是对老客户维护和挖潜起到了积极作用。后来财务总监打小报告，说老客户维系奖励就不要给出去了，因为这样一给出去，公司的利润就减少了，这个钱要省下来。那么，省下这点钱的后果呢？老客户流失相当严重，得不偿失。于是，笔者给他们老板解释："老客户维系费用那是四两拨千斤，投入少回报高。"当笔者把这个道理讲清楚了之后，B 企业采取了我的建议，老客户维护与挖潜的量就起来了。随着这个量的起来，公司利润也就直线上涨。因为有些变动费用的投入，它带来很高的有效产出，并且边际效益的提升可以分摊固定成本，所以利润率是很高的。由此可见，通过分析经营会计报表，我们确定哪些钱可以省，哪些钱不能省。

经营会计报表还有什么价值呢？这张报表真实体现主体经营单位对企业做出的贡献，我们可以根据它论功行赏。经营单位一个月、一个季度、一年下来给企业创造了多少效益，经营会计报表清清楚楚。而这个效益又跟收入挂钩，这样一来大家都不是给别人打工，而是在给自己创造收益，这些主体经营单位的负责人，他们就会像老板一样的工作。

B 企业曾经大力推进全员销售，在全员销售上面下了很大的工夫。集团设计标准产品，利用信息化手段推出标准的价格体系；市场中心还收集目标客户信息输入 CRM 信息系统，分公司进入 CRM

信息系统就能找到目标客户。从政策上来说，分公司开发客户就给提成，而且集团还做了很多销售技能技巧的培训、产品知识的培训等。但是，全员销售的效果并不理想，一年下来没有几个分公司开发出新客户。为什么有提成分公司也不在乎呢？因为这是在给企业做销售，是给人家做销售，不是给自己做销售，跟自己没有多少关系。所以，分公司对全员销售是不上心的。但是现在反过来，各个分公司开发客户，收入全部归集到分公司的经营会计报表上，对外销售收入全部是分公司的收益，你是在给自己创造收入。当然，你用了集团的平台、资源和支持，所以需要支付集团一定的费用。按比例支付，比如说，10%或15%等，这个很正常，能够接受。另外，因为客户收入归集到你的经营报表上，所以这个产品的成本、取派提送的操作成本、中转费用你要全部承担。当然，企业有一个标准，大家都按照这个标准来结算，这些事情都是提前说好了的，大家欣然接受。所以，分公司干劲冲天去开拓业务，遍地开花。一个月下来，企业增加50多个账号客户，比原来整整一年增加的客户还要多。

下面我们来看看内部互为客户、内部结算创造收益带来的影响。原来分公司取派提送的响应速度和质量是不够的，不管运营怎么喊，营销怎么喊，兄弟单位怎么喊，反正我就是搞不定，或者搞得定搞不定跟我没有关系，反正按部就班该咋地就咋地。为什么

呢？因为那是给别人干，不是给自己干，好与不好跟自己没什么关系。但是我们建立阿米巴模式，把各个单位变成上下游的供应关系，内部兄弟单位也是供应商和客户采购的关系。销售部门把货交给你，兄弟单位把货交给你，相当于客户把订单交付给你，那是你的客户。因为你给销售部门，或者兄弟单位提供取派提送的服务，他们是要给你付费的，取派提送每一个动作都是在给自己创造效益。结果他们一天到晚想什么？求着销售部门多下订单，求着兄弟单位多下订单。因为你下的订单越多，意味着给我操作的货量也就多，而我操作的量乘以单价就是营业收入，货量越多意味着分公司的效益越好。所以呢，马上心态就改变过来了。原来，货量多工作量大，他们就会抱怨，抱怨这个，抱怨那个。现在不是，现在他们充满渴望，渴望兄弟单位多给一些订单，多给一些货量。

B 企业推行阿米巴模式一个月以后集团召开总结会议，北京操作部第一次宴请全国各个分公司总经理吃饭。饭桌上操作经理表态，欢迎营销中心多谈客户，欢迎各个分公司多给我们操作货量。从今往后，只要你们的货到了北京，有什么要求尽管吩咐，我们就算加班加到半夜三更都会搞定。为什么？因为销售部门摇身一变就变成了操作单位的客户，前端发货单位摇身一变就变成了末端派送单位的客户。我们只有让客户满意，客户才可能把订单交付给你，客户才能把更多的机会交付给你。后端派送单位摇身一变就变成了服务商，所以服务商必须拿出行动来证明你的诚意和能力。随着商业关系的改变，他们对待工作的态度也改变了。原来分公司操作货物的时候总会抱怨，说：“这怎么回事，操作订单这么紧我们怎么干得过来。”现在呢？整个状态就不一样了。没关系，我们加一个班，我们尽量把这个业绩做上去。因为他们现在是经营者了，希望能够得到更多的营业收入。所以，上游单位来了操作订单，在他们可能的情况下一定把操作订单接下来。哪怕不可能，他们也会想尽办法把订单接下来，因为这样子才能产生更多的营业收入。

分公司在创造营业收入的同时，还要控制成本。他们首当其冲想到的是控制人工成本，如何用更少的人来完成这些工作。因为推行阿米巴模式，所有的成本都是自己的，而人员工资是分公司最大的成本，所以他们对人员编制的数量就有节制了。原来总是跟集团说人手不够，员工工资不高，现在总是想着如何把女人当成男人用，如何把男人当成牲口用。接下来开始考虑如何寻找质量更加可靠、价格十分优惠的发货渠道，这是运营成本控制。因为集团给你一个分供方的价格，省下来的就是你自己的，花多了，你补上来。所以，他们格外考虑发货渠道的问题。同时，他们更加注重提高操作质量的可靠性，因为如果质量出现问题，分公司是要赔偿的，赔出去的钱都是分公司口袋里的，心疼。最后是各种办公费用的控制，如何减少水费、电费和油费，能省就省下来了。平时分公司的水龙头水哗哗地流淌，没人关心没人问；平时即便办公室没人在，电脑和空调还是在高速运转，没人关心没人问。但是这个时候他们很在意了，多留一滴水，多用一度电，多费一升油都会心疼。所以，企业建立阿米巴经营模式，各个单位整天想着如何开源节流，如何开发客户，如何节省成本。他们整天都想着

这些事情，所以创造了更好的经营绩效，这正是企业想要的结果。

刚才我们讲了主体经营单位的情况，接下来探讨怎么提高协同单位的经营意识。首先，主体经营单位离不开协同单位的支持，它们之间自然形成了采购与供应商的关系。比如集团有 30 多个分公司，如果分公司搞不定大客户，无疑需要集团营销总监，或者集团项目经理亲自带着他们去。所以，不管是对外开拓业务，还是整合当地运力资源，分公司都需要总部的支持，甚至现场辅导。而这里面就会产生一个费用，差旅费、人员工资等，这个费用怎么办？如果集团承担，出差人员到分公司真正工作只有一天，吃喝玩乐三天。三天差旅补助，三天工资，这是巨大的浪费。而且美其名曰，我是去辅导分公司，我是去帮助分公司。实际上严重浪费，怎么办？

建立辅导标准和收费标准，收益单位按照标准付费。比如营销总监现场辅导 1 天多少钱，项目经理现场辅导 1 天多少钱，分公司按天付费，甚至按小时付费。让分公司付费有什么好处？既然要付费，分公司就会有要求，辅导人员就会有压力。因为分公司要付费，你给分公司作指导绝对要物超所值。所以，集团员工出差就有压力了，有压力就会有成长。同时，集团也给各个协同单位，给各个职能部门一个经营目标，你辅导分公司开展工作一年下来要创造多少收入。这样一来，协同部门同样可以市场化运作了，每个部门把你提供的服务列出来，都把它价值化、价格化。你提供什么样的服务，分公司给你多少钱，兄弟单位给你多少钱。因此，协同单位就会有这样一个内部结算的收入。另外，职能部门掌握企业资源，比如企业用车、资金、信息管理系统、市场推广渠道等，这些资源的使用完全可以内部市场化。B 企业有三台公务用车，其市场中心、营销中心、运营中心、人力资源中心、财务中心等部门的员工外勤需要申请用车，B 企业配车、配司机带他们去办事。但是，B 企业只有三台公务车，每天申请用车的员工不止三人。所以派车部门顾此失彼，如果给了这个员工，就没有办法给到另外的员工了。这个问题怎么解决？很简单，使用内部资源市场化，使用企业资源要付费。比如你要申请使用公务车辆，使用单位需要付费。而且按照申请用车的档次，使用时间长短制定价格标准，按照标准付费。这样一来，三台公务车辆变成了一台。因为申请公务用车需要 200 元，而乘公交车才 5 元。而且公司规定，员工省下来的钱和部门盈亏有关，跟员工的奖金有关。所以，不需要使用公务车辆自然就去坐公交车了。

由此可见，职能部门不仅提供服务可以创造收入。而且，他们掌握集团资源，如公务用车、企业资金、信息管理系统、专利技术等，内部资源市场化也可以创造收入。但是，他们也有成本，如人工成本、办公场地成本等。同时他们也需要使用企业资源，使用集团资源照样需要付费。最后收入减去成本和费用，这就是他们对企业的财务贡献。所以，B 企业原来的职能部门是花钱的单位，通过这样的设计，它们也变成了一个利润中心。一旦是利润中心，就有量化的利润要求和考核。所以，他们非常清楚自己要怎么创造利润，怎么创造价值。因为他们创造的价值和自身利益是息息相关的。

B 企业经历这样一番改造，各个单位都有它的结

算体系和经营会计报表，一个月，一个季度，一年下来给公司创造了多少利益，这个利益又跟他们的收入挂钩。我们做了这样的设计之后，情况完全不一样了。在此之前，企业只有老板一个人睡不好，现在分公司总经理睡不好，职能部门的负责人睡不好。但是，业绩上去了，运作质量上去了，利润上去了。2013 年 B 企业扭亏为盈，2014 年、2015 年公司效益都保持在 50% 以上的增长，2016 年 1 季度同比利润增长 67%。

4. 流程集权与量化分权

组织权利分配遵循责、权、利对等的原则。也就说这个岗位的职责是什么，应当创造什么价值，必须给组织做出什么贡献。那么，我们就会赋予他什么权利，也会给他什么好处。再反过来，如果赋予他什么权利，享受什么利益，它就必须要履行岗位对应的职责，必须要给企业做出对应的贡献。某集团企业每个季度召开总经理会议总结过去，部署下一个季度的工作任务。为了鼓励大家挑战更高的销售目标，集团要求分公司总经理当众承诺下一个季度的销售目标，并签订承诺书，然后根据承诺目标的完成情况进行季度考核。结果分公司总经理承诺的业绩指标都很低，实际上却成倍的完成，绩效考核的分数很高，绩效奖金自然也很高。所以，老板的问题来了，如果承诺的销售目标不进行考核，承诺没有意义；如果根据承诺目标进行考核，分公司总经理承诺的销售目标都不高，虽然成倍完成，但是实际完成的指标也不高，绩效奖金却拿得很高。如果不跟分公司总经理签订军令状，却又担心分公司总经理不上进，不去开源。老板百思不得其解，于是向笔者咨询。

笔者就跟他讲了责任和利益对等的原则，告诉他，你首先要了解这个岗位责任是什么。企业会把年度经营目标层层分解到每一个岗位，每一个岗位因此都要承担具体的经营任务。比如分公司总经理，一年下来要承担多少销售任务，一个季度、一个月又要承担多少。当然，除了销售任务以外还有别的，这是分公司总经理这个岗位的责任。利是什么呢？利就是你作为这个岗位享受的薪水，包括基本工资、岗位技能工资和岗位绩效工资，还有各种各样的津贴、福利、学习成长与晋升的机会，甚至还有期权，或者股权等。那么，责任和利益怎样对等起来呢？方法是通过绩效考核。因此，绩效考核指标应当是公司层层分接下来到每一个岗位上的责任指标，应当根据责任指标的完成情况进行考核，而非承诺指标。那承诺指标呢？当然也需要。彼得·德鲁克说管理最重要的任务就是使员工的工作更有成效，使员工更有成就感。如果员工承诺的指标很高，甚至还有具体的行动计划，公司在配置资源的时候就会向员工倾斜，就会给予员工更多的支持、辅导和关注，帮助员工获得成功。笔者这样一解释，那位企业家马上就说，胡老师，我懂了。

下面再讲讲责任和权利的关系，如果岗位责任越大，它的权利也应该大一些。相反，权利越大，岗位责任也应该大，这就是权责对等原则。2012 年前，B 企业采取中央集权的管控模式，权利在集团，责任在集团，利益也在集团，这当然是对的。但是后来，B 企业采取阿米巴的经营管控模式建立自主经营平台。随着经营模式的改变，企业赢利的责任自然下沉到分

公司和大客户部，企业赚不赚钱跟这两个单位有着密切的关系。那么，责任下移了，权利与利益要不要下移？怎么下移？

在此之前，B企业什么都是总部说了算，集团说了算，采取流程集权审批模式。办一件事情提申请走流程，然后根据集团职能部门的权利范畴控制流程走向，最后都要归集到主管职能部门审核、财务核准、总裁批复。比如分公司提出要买一台空调，总经理提申请，因为它是行政办公费用科目，所以通过管控OA（办公自动化）流程走向，它会自动流转到行政专员复核、人力行政总监审核、财务总监核准、最后总裁批复。所以，流程集权审批模式对于集团来说，各种费用得到有效控制，一切权利尽在掌握中。但很多事情分公司总经理想干也干不了，总监们想干也干不了，束手无策。因为一线部门只有提出申请的权利，这件事情能不能办还要通过集团业务统管部门老大审核，财务中心核准，最后还要总裁定夺。因此，它会造成开源与节流脱钩，也会造成总经理和总监们消极怠工不作为。比如这个事情反正我申请了，如果老板批下来了，当然就有事做了。如果老板没有批下来，这个事情我就干不了，结果也跟我没有什么关系。反正我申请了，反正我上报了。这就是流程集权审批模式的利与弊。

在这里我说一件给员工涨工资的事情。B企业酝酿阿米巴很长时间，但一直没有推。为什么突然推下去了呢？因为2012年亏损2000多万元，2013年赢利800多万元，2014年公司赢利1500万元。但是员工工资没有涨，福利也没有涨，员工就有想法，很多员工想离职，所以分公司总经理申请给员工涨工资。B企业普涨工资的事情需要人力总监审核，需要财务核准，最后需要总裁批准，董事会复核。反正很难批下来，造成员工不稳定。所以，突然推行阿米巴的共赢模式给员工以希望。

推行阿米巴模式当然受到员工的欢迎，大伙干劲冲天，一个季度下来很多分公司都赢利了，按照企业原来设计的制度就应该分红了。但是这个分红总部没有一个说法，分公司也不知道怎么办。员工着急，盼星星盼月亮，好不容易看到希望。于是，分公司总经理向总部提申请，申请总部兑现分红承诺。但是财务中心收到申请不理睬，就这样拖着。拖了几天之后，广州分公司的员工不干了，全体说老板忽悠人闹罢工。分公司员工罢工是一件大事，总裁说广州分公司总经理无能，说他不行。当然广州公司总经理很委屈，要离职。正好老板也在气头上，还真批准离职了。但是后来又后悔，让我去说服广州公司总经理留下来。这件事情的根源在哪里？总经理肩负开源节流创造利润的责任，也给企业做出了很大的贡献，数据摆在这里，经营报表摆在这里。但是没有给他剩余分配的权利，经营财报上明明有分红却还要看总部的脸色，还要看集团财务总监高兴不高兴。所以，总经理这个位置特别不好干。因为企业推行阿米巴经营模式，分公司的责任大了，他要为企业创造效益，但是却不给他们任何权利，这个事情恐怕没有人可以干得好。因此，企业应当赋予他们更大的权利，这个权利怎么给？在权力分配上有一个量化分权的策略。怎样去量化分权？它有三个步骤：

第一步，控制总量进行预算管理。它是以经营计划为基础，比如说年度经营计划、季度经营计划、月

度经营计划，在经营计划里面有销售收入计划，这是收入部分。同时还有各种各样的费用预算，这里面还会有一个比例关系，比如说办公费用占多少比例、人工成本占多少比例、原材料成本占多少比例等。控制总量进行预算管理就是在计划收入的基础上，里面有一个费用比例的预算。因此，分公司在完成收入的基础上，各种费用支出在比例预算范围之内都是授权的。

第二步，单笔审批给授权。意思是单笔使用无须审批，直接授权给经营单位负责人办理。也就是说，预算范围内的费用支出并不需要上级领导审批了，只要告知集团相关单位，做好原始台账就行了。

第三步，秋后算账靠审计。也就是事后做审计，审计该花的钱有没有用对地方，审计使用方向上对不对，甚至审计事情的效果怎么样。

这就是量化分权的三步骤，控制总量，进行预算管理；单笔审批给授权，最后是秋后算账靠审计。B 企业广州公司集体罢工之后，我们采取量化分权。不是每一件事情都要向上请示，而是给分公司一个预算比例，你的地盘你自己做主，然后秋后算账做审计，这就是量化分权。它的好处就是部门负责人更有责任心了，他们花钱的时候更加谨慎，更加用脑子去想投资回报率的问题。慢慢地，他们就像老板一样去思考。而老板呢？也就不用那么操心，因为各个单位的负责人都替你想好了，而且他们比你更节省，反而更加节省成本。它的弊端是财务部门有一定的工作量，前期需要辅导经营单位做好预算案、事后需要做审计、需要做评估。

5. 配套 IT 信息管理系统

IT（信息技术）信息管理系统是信息采集的工具，也是企业经营管理的载体，它体现企业经营思路与管理模式。因此，每当经营模式与管理思路发生变革，如果IT信息管理系统跟不上，企业变革是推不下去的。B企业推行自主经营模式就出现这种情况，分公司经营报表出不来，对外销售收益是多少，对内销售收益是多少，对企业的财务贡献是多少出不来。原因就是IT信息系统中没有设置相应数据的采集点，没有基础数据的支持。所以，IT信息管理系统变革升级势在必行。怎么变革升级呢？它需要各个部门共同参与，具体如下：

第一步，人力资源部确立自主经营体的组织架构，明确组织归属关系。比如谁归谁管、商业逻辑关系如何、职能如何定位等。人力资源部门需要奠定这样的基础。

第二步，运营部门梳理业务范围和运作流程。它要确立主体经营单位的业务范畴，以及在业务运营流程上是怎么参与价值创造的，关键点在哪里。同时明确相关岗位在信息系统上需要做什么操作，需要记录什么信息，以及对应的权限是什么。

第三步，财务部门明确IT信息系统需要呈现的财报系统。包括是否需要体现财务管理报表、财务经营报表、财务会计报表，以及这些报表的具体要求是什么，同时还要明确这些报表的具体内容，及它们之间的逻辑关系。

第四步，IT信息系统开发人员梳理运营流程上节点之间的信息逻辑关系，明确自主经营体及相关单位

是怎样采集节点信息的，又怎样调用哪些信息等，然后在这个基础上开发 IT 信息管理系统。

智者千虑，必有一失。IT 系统无论是开发还是使用，总会有一些疏忽的地方，有疏忽就会有漏洞。但是，这些东西都是跟员工收入有关，都是跟钱有关系。所以，只要有错，员工不会放过，公司也不会放过。因此，IT 信息管理系统开发出来之后还要通过测试，还要有一段测试期。只有通过测试期验证这些数据是准确的，才能投入使用。

幸好 B 企业推行阿米巴经营模式的时候，有过渡和适用期。在过渡阶段，分公司有不少疏忽的地方，很多业务项目没有录入 IT 信息系统，没有信息记载。但是，他们有原始凭证的记载。所以，最后发现自己统计的数据与财务核算的数据相差很大。为什么呢？因为分公司是根据原始凭证统计出来的，财务核准的数据是 IT 信息系统导出来的。而 IT 信息系统里面导入的数据，因为某些节点信息没有录入，所以漏掉了。但是，运营中心、财务中心也没有及时发现，到了最后核算的时候才吓了一跳，哇，差距这么大。这些数据信息跟员工的收入有关，这是钱。幸亏当时有一个试运行阶段，有一个测试阶段，测试阶段发现这些问题，然后逐一解决这些问题。

综上所述，企业建立自主经营平台推行阿米巴经营模式是需要时间的。一般需要多长时间呢？从 B 企业的运作情况来看，从导入自主经营意识、组织变革、运营系统梳理、财务结算体系的建立，以及 IT 系统的变革升级等，整整花了两年时间。但是，这两年时间还是蛮有成效的。因为 B 企业从此走上基业常青的发展轨道，从此迈上持续赢利的新台阶。

第三节
谋定未来

企业仅仅建立自主经营平台还是远远不够的，还要精心谋划共创一片蓝天，还要确定企业未来的宏伟蓝图，带着全体员工矢志不渝地向着前所未有的高度进发。

一、 描绘企业愿景

2013 年，笔者给 A 企业做了战略规划，描绘了未来 5～10 年的愿景，具体内容是：

◆ 成为中国医药冷链物流第一品牌；

◆ 创建一个集医药仓配一体化的、高效的、高度专业的医药物流服务平台；

◆ 启动资本市场，力争 2020 年完成企业上市工作。

笔者给 A 企业做了清晰的愿景描述之后，在年会上总裁给管理团队做“展望愿景，部署年度工作”的

专题讲座。讲完之后，那些中层管理干部，还有分公司总经理纷纷上台分享。广东省公司总经理朱总是元老，从企业成立一干就是15年。他上台分享的时候哽咽了。一个40多岁的男子汉，一个顶天立地的男人，一个在企业干了十多年的老员工，说着说着就哭了。他说，我在公司干了十几年，我的岁月，我的青春，我最宝贵、最精彩的年华都是在这里度过的。但是这些年来，公司年年重复昨天的故事，年年停靠在枫桥边，年年涛声依旧。我的心也凉了，我身体里的血液也冷了。公司停滞不前，对于一个干了十几年的老员工来说，我的内心是痛苦的，我感到极度的无奈。今天我听了总裁语重心长的讲话，确实很激动，我的血液开始沸腾，我的激情开始再现。为了公司的美好夙愿，我没什么说的，我豁出去了，说怎么干就怎么干。

各位企业家，你们知道吗？你的员工，你的干部，其实都是有理想、有抱负、有情怀的。所以，梦想一定是要有的！梦里有你有我有大家。因为，天下所有的员工都希望自己的老板成为首富。因为只有老板成为首富，他们才有可能成为千万富豪、亿万富豪。我们都知道马云成为中国首富之后，一夜之间造就了无数的千万富豪、亿万富豪，这个道理是毋庸置疑的。当然，不是说每个企业家都能成为首富，毕竟首富只有一个。但你至少要成为一个成功的企业家，因为只有你是成功的企业家，他们作为你的下属至少是一个成功的经理人。

因此，企业未来的愿景，企业家需要把它清晰地描绘出来，并且要讲清楚让员工知道。这些事情看似简单，但不可或缺。1990年，彼得·圣吉博士在《第五项修炼》一书中写到，没有共同愿景的组织往往只会导致员工对上级对组织被动遵从，而决不会导致对组织的真诚奉献，那样的组织是没有太多想象空间的。吉姆·柯林斯在《基业长青》一书中再次强调：那些真正能够留名千古的宏伟企业都有一个共同点，那就是有令人振奋并可以帮助员工做重要决定的“愿景”。2005年6月出版的《现代汉语词典（第5版）》，愿景作为一个新词收录其中。因此，愿景已经广泛成为企业家们必备的职业期许，如果企业家把自己的愿景、企业的愿景与每一位员工的美好向往结合起来，员工就会攻坚克难，全力以赴地去实现它。

企业家如何描绘企业愿景呢？首先要明确什么是愿景。愿，就是一种心愿，是内心的期待；景，是景象，它是一幅画的样子。比如像共产主义如果实现的话，这是一个什么样的景象，这幅画是什么样子。早在华为创立之初，任正非告诉他的员工，说：“在华为工作将来是钱多得不知道如何花，你们家买房子的时候，客厅可以小一点，卧室可以小一点，但是阳台一定要大一点，还要买一个大耙子，天气好的时候，别忘了经常在阳台上晒钱，否则你的钱就全发霉了。”后来有人写了一篇文章，标题是：“华为元老坚持17年，只因任正非一句晒钱的话。”因此，笔者在辅导企业的时候，都会让员工去描绘十年以后，咱们企业会是什么样子，让他们去描述。令人兴奋的是他们都讲得很好，说十年以后企业有了多少家分公司，在什么地方上市，工资翻了多少倍，每个员工都买了车，都有房子。当然，这是员工的描述，如果站在企业的

角度，我们怎么描述它的未来呢？这就是企业愿景的范畴。什么是企业愿景呢？企业愿景是指根据企业经营与管理发展的需要，对企业未来发展方向的一种期望、一种预测、一种定位，它描述企业未来在什么范围，或者什么领域会是什么样子。比如笔者所在的佐旺管理咨询公司，它的愿景就是在管理咨询领域，未来成为引领中国商业进化、引爆企业持续赢利的知名品牌。我们平时都说目标和信仰，它们之间有什么关系呢？愿景是比目标更高层次的追求，介于信仰与目标之间，类似于人们常说的理想。所以，既然说是愿景，它就不是一年、两年的事情，可能要十年，甚至更长的时间。

我们怎样把企业愿景表达出来呢？接下来我给大家分享几个案例。我们先看第一个，比亚迪的企业愿景是与你共同期待绿色的未来。当然，比亚迪把企业愿景提升为一种更有意境的画面，画面中的具体内容是什么呢？是用电池技术加汽车技术，打造电动车技术，从而实现人类绿色的梦想。也就是说希望有一天，我们能看到路上跑的都是电动车，路边的加油站全都换成绿色的储能充电站。请大家注意，比亚迪定义愿景的时候，路上跑的都是电动车吗？路边的加油站全都是绿色的储能充电站吗？都不是，它可能是刚刚起步，但在起步的时候就有这样的愿景，它的愿景是与你共同期待绿色的未来。所以我们来总结一下，它的领域是什么？新能源应用领域。将来是什么样子呢？路上跑的都是电动车，路边的加油站全都换成绿色的储能充电站，这就是与你共同期待绿色的未来。

我们再看看美国福特汽车的企业愿景是什么？福特公司的愿景是汽车普及化，使每一个人都拥有一辆汽车。早在100年前，我们知道汽车的普及率非常低。当时福特公司的愿景是什么呢？让汽车普及化，让每一个人都用得起汽车。那么，它现在做到了没有呢？

我们看到现在的汽车普及多快，在美国福特汽车的梦想早已经完全实现了。而在中国呢，也正在逐步实现。所以福特公司成为一家了不起的企业，福特本人也成为改变美国历史的伟大人物。

下面再介绍我们服务过的一些客户，看看这些公司的愿景描述。我们先看看德邦，它的企业愿景是努力将德邦打造成为中国人首选的国内物流运营商。很显然，德邦是做物流的，它的愿景就是成为中国人首选的国内物流运营商。当时德邦在确定愿景的时候，它是不是中国人首选国内物流运营商呢？不一定，因为德邦2万元起家，2万元能干个啥，但是坚持下来就可以。

我们再看看大田的企业愿景：成为全球性中国最优秀的，以供应链管理为核心的现代综合物流服务商。它是在什么领域啊？同样是做物流，大田与德邦的细分领域又不一样，大田物流是以供应链管理为核心的现代综合物流服务商。在什么范围呢？它是全球性的。最后的目标呢？中国最优秀的。所以，企业愿景就是这样确定的，在什么领域，企业将来是什么样子。

当然，现在的员工很聪明，很自我，讲愿景、讲蓝图一定认为这是忽悠，聪明人就不跟你玩了。关于这个问题，阿里巴巴的马云最有发言权。阿里巴巴在美国上市的时候印刷了一件T恤，上面写了一句话，“梦想还是要有的，万一实现了呢”。有些企业家就会

说：胡老师，现在的人很现实，不要搞那些虚头巴脑的，什么理想、未来，那些东西是画饼充饥的，说了没有用。关于这个问题，马云正好把它说清楚了，梦想还是要有的，万一实现了呢！前几天我收到一个微信，内容是这样的：中国共产党第一次代表大会 13 名代表，5 人先后脱离党组织关系，2 人被开除党籍，4 人流血牺牲，最后仅剩下毛泽东、董必武 2 人。但共产党最终实现自己的远大理想，缔造了中华人民共和国，让中国发生翻天覆地的变化，从贫穷积弱一跃成为世界强国。从共产党的诞生成长到中国社会的长治久安，同样说明任何伟大的事业，有质疑者、退出者、背叛者。但是，总有人坚持到最后用结果证明其事业之伟大，其理想之崇高。所以，宏伟的目标还是要有的，而且我们要去相信它，相信它一定会实现。

在这里我还要补充一点，如果企业家每天光讲不做没有行动，员工当然会说你是画饼充饥。但是，如果我们有宏伟的蓝图，还有整体的商业计划，具体的落地方案和措施，甚至愿意为此付出代价，员工绝对不会说你是画饼充饥。我曾经辅导 F 企业，F 企业的产业比较多，有房地产，有工厂，还有电商物流。老爸搞地产，搞工厂，儿子搞电商物流。儿子是 80 后，他很聪明，很有事业感。他的梦想非常宏伟，波澜壮阔，口才也好，整天跟别人谈理想、谈人生。跟员工谈，跟周围的人谈，但是，说得太多，做得太少，他的员工感觉他不够踏实，夸夸其谈，整天只知道给我们画饼充饥，没有一点实在的。所以，老爸老妈给他留下来一批非常优秀的老员工走了，自己从外面请回来的一批管理者也走了，留也留不住。为什么？光说不干，只是嘴巴上说说而已，没有实际的行动。

那么，伟人跟普通人有什么区别？伟人说了立即行动，全力以赴。普通人只是说说而已，这就是他们之间的区别。因此，如果员工说你画饼充饥，那证明你光说不干，证明你并没有付出代价的企图心。所以如果要让员工相信企业的宏伟蓝图，我们必须要有一整套的商业计划，而且愿意把企业的赢利投入到新的事业当中去。如果我们把全部利润都拿去建别墅买豪车，或者去花天酒地的话，员工知道心就凉了。当然说企业家赚到钱了，生活也要改观这是正常的。比如换一换车，换一换房子，这个是天经地义的事情。但是别忘了企业未来要到哪里，我们要为企业的发展去做哪些投入。因为，企业家活着不仅仅是为自己，还要为整个企业，为大家的宏伟蓝图和远大理想。这就是我们对企业愿景的认识。

二、 明确企业使命

三国时期的刘备原本织席贩履之辈，白手起家，但三分天下有其一，英名盖世流传千古。为什么刘备在一贫如洗的情况下也可以成功呢？因为刘备有一个非常“5+1”的团队，五虎上将关羽、张飞、赵云、黄忠、马超，再加上一个诸葛亮。这个非常“5+1”的团队攻无不克战无不胜，是一个极其完美的组合。那么，刘备的团队是怎么来的呢？早在创业初期，刘备每次打仗都是亲自挂帅，亲自指挥。但是从来都没有打赢过，每一次都落得慌忙逃跑。逃啊逃，逃到最后为什么还有那么多英雄豪杰追随他呢？因为他有一

种正能量的使命感，因为他的使命代表了广大人民群众对美好生活的向往与追求。所以他能感召日月，感动于人。那么，刘备有什么使命啊，他的使命是匡扶汉室，上报国家，下安黎民。正因为刘备有了这样的使命感，它才吸引了很多有同样正能量的人来加入他的队伍，非常“5+1”的团队基本上就是因为他的使命感召而来。

刘备三顾茅庐大家都听说过，难道刘备打动诸葛亮的仅仅是诚意吗？不见得，坦白地说，如果要找一个靠山，如果想要赚钱的话，诸葛亮跟曹操不就好了吗。为什么诸葛亮愿意跟随刘备呢？因为刘备胸怀上报国家，下安黎民，匡扶汉室这样伟大的使命，而这个使命是符合当时社会潮流的，它是充满正能量的。而越是充满正能量的东西，一定有正能量的人追随你，而正能量的人，不是向钱看，他们在干一个伟大的事情，顺便把钱赚了。所以，刘备即便起点很低，但是他的使命感召日月，诸葛亮和五虎上将终归被他的使命感动。

那么，什么是企业使命？它是在界定企业愿景目标的基础上，说明企业在该业务领域存在的理由和社会价值。如果企业家把这个道理讲清楚，如果让大家都明白其事业的价值和重要感，客户会毫不犹豫地选择你，竞争对手会钦佩你，员工会赴汤蹈火追随你。甚至，在收入与付出不成正比的情况下，也有人愿意不离不弃地跟随你，少拿钱多干事也无所谓。

笔者曾经辅导一个客户，几年以后该企业也成长起来了，一年下来也有上千万的净利润。突然有一天，老板情真意切地跟笔者说："胡老师，企业走到今天这一步完全得益于你的指导，我确实能力不足，学也学不来。所以恳请您加入我们企业，咱们一起来做。职位、工资、股份你来定，如果没什么问题的话天天来公司，我给你配备一个专门的办公室。如果要是外面有课，你就出去讲课也没有关系，我是诚心地邀请您加入。”啥意思？给钱、给股份、给职位，重金收买。我听完以后语重心长地说：“董事长，我非常钦佩你的为人，也非常看好你的事业，但是恕难从命。因为我的毕生使命是通过培训与辅导帮助企业家成长，帮助众多企业走向成功，这些东西跟钱、跟职位没有关系，这是使命所在。”然后我继续说：“如果你也看好我的事业，也钦佩我的为人，你可以投资我的管理咨询公司，全线支持我的事业快速做开。如果那样的话，作为对你的回报，我可以经常来你们公司重点辅导。”由此可见，企业使命是一个组织信仰的问题，一个强有力的组织必须要靠使命驱动。

那么，我们如何陈述企业的使命呢？它不仅回答企业是做什么的，更重要的是要说明企业的终极意义在哪里。其实有很多知名企业的使命相当有感召力，特别激动人心，我们不妨看看那些成功企业的案例。我们先来分享比亚迪这个企业的使命，他们的使命是什么？如何将百姓用不起的技术转化为价廉物美的产品。这个使命太好了，对于广大老百姓来说这是福音。因为比亚迪的使命就是在造福百姓，造福社会，将老百姓期待使用、但是用不起的技术转化为价廉物美的产品，这个使命太神圣，太伟大了，老百姓肯定青睐。正因为有这样的使命，所以比亚迪的员工就要不断创造新的技术，而且要把新的技术转化为价廉物

美的产品，让我们的顾客享受技术革新的盛宴。这的确是一件相当伟大的事情，难怪比亚迪赢得了巴菲特的赞赏。

我们再来看看深圳的华为，他们关注客户的挑战和压力，为客户提供有竞争力的通信与信息解决方案和服务，持续为客户创造价值。所以，华为这些年在通信和信息领域不断进步，不断超越，成为世界顶级企业。为什么？因为这是他们身份的认知，他们就是关注客户的挑战和压力，为客户提供有竞争力的通信与信息解决方案和服务，持续为客户创造价值。我们再来看看阿里巴巴，阿里巴巴的使命是什么？促进开放、透明、分享、责任的新商业文明。马云带领一群人在干什么呢？他们在创立一个新的商业文明，中小企业都在一个电子商务平台上进行交易，不管是商家，还是客户，都是开放的，在这里都是透明交易，人人参与分享这样一个购物环境。这是推动整个商业文明的进化，这是功在当代利在千秋的伟大事业。所以，如果有一天你是阿里巴巴的员工，你也会觉得这个事情非常有意义。因为我们的存在，能够改变传统的商业模式。因此，当我们做这件事情的时候，马上就有使命感了。

以上这些都是成功的典范，那从中我们找到什么规律呢？我们要从造福社会，成就他人，促进产业进化与技术变革，以及引领社会潮流的角度去挖掘和提炼企业存在的价值和意义。用习主席的话来说，人民群众对美好生活的向往就是我们努力的方向。同时，我们也可以到网上看看那些著名企业的使命，再酝酿自己的，在这个基础上就把企业的使命明确下来了。

为什么要强调使命感？因为如果一个企业家有了强烈的使命感，并将这种使命感传递给员工，员工也有了这样的使命感，人就会精神一点，就会勤奋一点，再苦再累也乐在其中，这就是使命感的重要意义。当然，如果一个企业有了使命感，这个企业就会充满正能量，对内凝聚人心，对外赢得社会的尊重和信任。所以，如何给你的员工灌输使命感，如何让他们认同企业的使命，如何让员工感觉咱们是在干一件很有社会价值和意义的事情，这是企业一定要做的事情。

笔者是70后，生在红旗下，长在改革中。小时候在家里看的电影大部分都是革命电影。其中不乏这样的镜头，一个共产党员被敌人打中了，他的生命仅仅剩下15秒钟。这个时候他做的第一件事情就是马上把手伸进口袋里，把钱拿出来，说这是我的最后一份党费。到了快要死的时候，第一件事情是把党费交了。交完党费之后还剩下5秒，他振臂高呼：毛主席万岁！中国共产党万岁！这就是我们当时经常看到的电影画面。假如工农红军当初没有经历共产主义思想教育的洗礼，假如他们没有解放全中国这样伟大的使命和献身精神，如果不幸被敌人打中，他做的第一件事情肯定要跟领导说：领导，不管怎么样，这个月的津贴一分都不能少。我死了以后，一定要把我的家人照顾好，一定要把我父母照顾好，把我的儿女照顾好。所以，我们看看前后对比是不是差别很大呢？

2015年8月12日，在天津港国际物流中心发生一起特大的爆炸事故，刹那间火光冲天，方圆十千米都有强烈的震感。整个爆炸事故造成114人遇难70

人失联，1000 多人受伤，造成的财产损失不可估量。但是，在这一次的抢险当中，又一次体现了我们消防官兵甘冒生命危险排除隐患、抢救生命财产的神圣使命。明明知道是危险品，明明知道会爆炸，也知道爆炸的后果，但是他们义无反顾，这就是消防官兵神圣的使命。

毛主席是怎样让无产阶级革命战士有如此崇高的使命呢？当年工农红军路过的地方，老百姓的生存状况都不好，吃不饱，穿不暖。因为当了红军有饭吃，有衣服穿，这是老百姓的福音。所以当初他们积极响应毛主席"打土豪，分田地"的号召。由此可见，刚开始参加革命的人都是冲着土地来的，都是冲着能够吃饱穿暖来的。进来之后，进行忆苦思甜教育，跟他们分析社会各阶层的情况和社会未来发展的大趋势。最后得到一个结论，即使有了土地，如果不当家做主，总有一天土地会被别人抢回去。那么，如何才能成为真正的主人呢？只有推翻三座大山，打倒国民党反动派，建立社会主义的新中国，那时真正当家做主土地才是我们的。并且，我们还要解放全人类实现共产主义社会，因为只有实现共产主义社会，才能人人平等要啥有啥。经过无数的战争洗礼，他们逐渐成长为无产阶级的革命战士。

政治思想教育是共产党的法宝，直到现在，政治思想的法宝还不能丢。所以，在共产党领导下的人民解放军招之即来，来之能战，战之能胜，雄风依在。由此可见，共产党的政治思想教育是值得我们企业家去学习和研究的。因为企业使命、愿景和价值观同样是需要这样来培育。

三、塑造企业价值观

澳大利亚著名潜能激励大师约翰·库提斯，出生的时候整个身体只有矿泉水瓶那么大，脊椎下部没有发育完全，两条腿细得像豆芽，既不能走路，也无法安装假肢。17 岁接受截肢手术，29 岁身患癌症。一个一出生就被医生断言活不过当天的残疾人，却一直顽强地活到现在，并成为世界级的潜能演讲大师。成功是小概率事件，为什么约翰·库提斯能频频战胜苦难走向成功呢?

约翰·库提斯在他的演讲和书籍里反复强调几个很重要的观点。第一个观点，永远别对自己说“不可能”。在约翰·库提斯的世界观里，只有努力向上，只有把生命中无数的不可能变成一切皆有可能，这是多么正能量的价值观。第二个观点，无论你觉得自己有多么不幸，永远有人比你更加不幸；无论你觉得自己有多么了不起，永远有人比你更强。这又是多么激动人心，多么有正能量，多么鞭策人的一句话。第三个观点，你要确保你所做的每一件事情都能找到乐趣。把工作当成乐趣，这又是一个多么了不起的价值观念。第四个观点，你必须勇敢地面对真实的自己，如果不能，你永远也不能真实地面对其他人。这又是一个多么有正能量的价值观，这个观念太激励人了。当然，约翰·库提斯还有很多正能量的价值观，笔者

这里只是提及几个和大家分享。显而易见，约翰·库提斯逆境中崛起的筹码就是他拥有积极向上，而又极具正能量的价值信念。正因为有这样的价值信念，约翰·库提斯从极度不幸的人生遭遇中脱胎换骨，最终拥有璀璨的人生，他的成功因此激励无数奋发向上的年轻人。

同样，企业从弱小走向强大也是正能量的价值观孕育其中。29年前，华为诞生于深圳一处普通民宅，从寥寥数人起步，到2014年就已经作为中国大陆企业首次登上全球百大品牌排行榜。2016年1月15日，华为召开主题为“铁血荣光，决胜疆场”的市场颁奖典礼。在典礼上，华为宣布2016年挑战818亿美元销售收入目标，这将比2015年增加34.5%。如果实现，华为在世界500强排名中将进入前100名以内，将超过微软、索尼、松下、空客等著名公司，这将是中国高科技公司前所未有的高度。华为的巨大成功，企业价值观无疑起到推波助澜的作用。所以，接下来我们一起来分享华为价值观当中的精髓。我们先看看任正非独具匠心的人才观念。任正非说：“我们非常欢迎雄心万丈的穷小子，你现在一文不名没关系，只要你有雄心壮志，未来一定能衣锦还乡。”短短的几句话，任正非的人才观尽显其中，非常有正能量，非常具有感召力。因为企业家有这样的气度和魄力，对于那些有才华、有拼劲的年轻人来说犹如千里马遇到伯乐，必然蜂拥而至，必然为公司开疆扩土拼尽全力。所以，华为人的呐喊：一棵树在非洲都能活下去，我就不行吗？拼了命，也要守住客户对华为的信任；如果有颗子弹，我愿意为你去挡……这是多么了不起的献身精神。原因何在？企业家有这样的人才观念，员工才有这样的状态。很多企业家对未来的准备是不够的，是缺乏投入的。任正非说，我们要舍得打炮弹，把山头打下来，下面的矿藏就都是你的了。所以，这些年来华为因为研发上的强大投入步步领先，步步抢占制高点。也有不少企业家格调不够，利润分配上存在很大问题。我们看看任正非，他说："我们要学会给盟友分蛋糕，用开阔的心胸看世界，世界慢慢都是你的。"总而言之，任正非对世界的认知，对人、对社会、对经济、对产业独具一格的观点无不显示他的高风亮节，这就是我们所说的企业价值观。

当然，企业价值观常常会受到企业家本身的局限和制约，因为它是创办人、经营者的内心认知，是创始人对人、对社会、对经济、对产业的哲学观点。所以，这里面就有一个问题，如果创办人的价值观跟不上企业运作的要求，跟不上时代的步伐，该怎么办?

2015 年，笔者接手一家企业的顾问，做董事长的顾问。这个企业的董事长姓李，李董事长出道比较早，成功也比较早。但是，从小他父亲打压式、批判式的教育方式，使李董事长内心世界和价值理念非常保守，他把追求安全与自我保护放在第一位，典型批判式的完美主义。所以，李董事长不管遇到什么人，一上来就是批判和打击，不敢抓住机会往前冲，潜意识认为冒险有害。

通过十多年的积累，李董事长有了一定的财富基础和市场资源。可惜的是，由于观念守旧，李董事长没能抓住机会开创事业的高峰。随着这几年市场竞争的加剧，企业在走下坡路。那么，摆在李总面前有两

条路。第一条路，干一年算一年，实在不行就关门。当然关门也不会伤筋动骨，反正企业赚的钱够几代人花。第二条路，凭借现有的资源优势与市场基础，借助外力迎难而上。

但是，这两条路都有问题。第一条路，他不甘心，毕竟企业到最后干不下去关门了，意味着被市场淘汰了，这是一个悲情故事。第二条路，资金不是问题，资源不是问题，市场也不是问题，问题是他内在的心智模式和价值观念需要提升。所以当时我也比较棘手，我就说老板，我可以给你量身定做一个适合企业发展的规划，或者叫作企业顶层设计。但是，如果你内在的价值观念不调整，那很难创造一家伟大的企业。所以，既然有宏伟的蓝图，你不妨试着调整自己的认知观念，这个问题我可以开导你，但是你要意识到问题的严重性，也要积极地配合。正好当时我在辅导另一家企业，这家企业风生水起，最近几年取得了突破性的发展。而这家企业的老板是李董事长多年的朋友，所以我们之间有信任的基础，有了信任事情就好办了。

总而言之，企业家的价值观也要与时俱进进行调整，因为企业的成功并非偶然，它是企业家内在心智的呈现。那么，具体怎样去调整自己的世界观和价值观呢？这是很具体很专业的事情，这要看企业类型与运作特点，因为企业家的价值观必须吻合企业发展壮大的要求。所以，我们不妨研究一下企业的类型。

通常，研究企业类型要从两个方面着手，一方面是要考虑怎么样去看你的企业，从外部发展的角度还是从内部运营的角度去看。另一方面是员工该怎么样去做，是灵活自主还是严守秩序。这里有一个横坐标，它代表的是第一个维度，从外部发展还是内部运营的角度来看。这里还有一个纵坐标，它代表的是你该怎么做，是灵活自主还是严守秩序，两个坐标一交叉就形成四个象限，如图2－8所示。

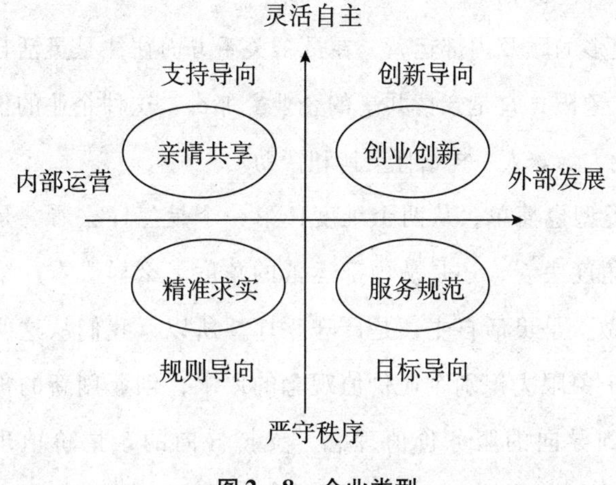

图2－8　企业类型

如果企业需要顾及外部发展，对内又能够灵活自主，那是第一象限，创业创新的企业，苹果、华为、惠普、格力等这样的科技型企业，它们是创业创新的企业。那么，这种类型的企业，它的价值观应当是创新导向，鼓励拼搏、冒险与创造。

如果企业需要顾及外部发展，对内讲规则、讲秩序、讲流程，那是第四象限。它是服务规范型的企业，比如肯德基、麦当劳、海底捞等。它的企业价值应当是目标导向，目标意识特别强，怎么去服务目标客户，这是从外部发展去看的两个维度。

从内部运营的角度去看也有两个维度。如果企业更多地顾及内部运营，需要在内在运营上建立规则，内部运营是有秩序的，是第三象限，精准求

实的企业。比如说富士康、顺丰速运、德邦物流等，他们就是精准求实的企业。这种企业的价值导向是规则导向的价值理念，倡导做什么事情都讲规则。

如果企业更多的顾及内部运营，在员工关系方面往往是灵活自主的，这是第二象限，它是亲情共享的企业。那么，这种企业的价值观是支持导向，像家人一样给你支持和帮助。

识别企业类型也简单，从两个维度，第一个是怎样去看，是从外部发展的角度去看，还是从内部运营的角度怎么样去看。第二个就是怎么做，是灵活自主还是严守秩序。所以，我们从这两个维度形成四个象限去识别企业价值观念的要求，创业创新的价值理念，目标到导向的服务价值理念，支持导向的亲情价值理念，或者规则导向的严格价值理念。我们可以根据这四个象限去识别企业类型，去塑造和巩固它的价值理念。

第四节 掌握制胜策略

任何一项伟大的事业都离不开全体员工长期的艰苦奋斗，都离不开精准务实的制胜策略。所以，我们描绘宏伟蓝图以后，接下来怎么去实现它呢？选择有效的产品策略、运营策略、营销策略、财务策略以及人才策略，坚定目标，认定方向。傻干、傻付出、傻投入，坚持到最后，脚下的路就宽了。

一、 产品策略

什么是产品策略呢？为了取得客户订购，在产品研发、设计、生产和销售时所运用的一系列措施和手段，这就是产品策略。它包括产品定位、产品组合、产品差异化、新产品开发、品牌塑造以及产品生命周期等一系列方法和手段。这里重点讲三个常用的策略。

1. 聚焦策略

毛主席在《中国革命战争的战略问题》这部书中写道："对于人，伤其十指不如断其一指，对于敌，击溃其十个师不如歼灭其一个师。"中国人民解放军从无到有，从小到大，从弱到强，直到最后解放全中国，打的就是围剿战、歼灭战，无不体现伤其十指不如断其一指的巨大威力。

经营企业也是这个道理。有人说华为非常伟大、非常成功，问任正非华为战略成功背后的秘密是什么？任正非说华为没有那么伟大，华为的成功也没什么秘密！华为选择了通信行业，这个行业比较窄，市场规模没那么大，面对的又是世界级的竞争对手，我们没有别的选择，只有聚焦，只能集中配置资源朝着一个方向前进。它犹如部队攻城，选择薄弱环节，尖

刀队在城墙上先撕开一个口子，两翼的部队蜂拥而上，把这个口子从两边快速拉开，千军万马压过去，不断扫除前进中的障碍，最终形成不可阻挡的潮流，将缺口冲成了大道，城就是你的了。

在产品策略上，我们同样可以采取聚焦策略。在某一个阶段，聚焦到一个点上集中配置优势资源和力量，全力打造领先市场的爆款产品，通过爆款产品的成功带动企业青云直上。纵观世界风云企业，聚焦策略无不用到极致。1997 年，乔布斯重返苹果公司之后，从 iPod 到 iPod Touch，再到 iPhone、iPad，每一个阶段集中所有力量聚焦打造爆款，通过爆款带动苹果公司频频领先竞争对手成为世界伟大的企业。所以，聚焦策略在产品开发领域同样大放异彩。像华为、王老吉、加多宝、红牛、脉动、香飘飘奶茶这些知名企业，它们聚焦某个细分市场，聚焦某一类人群，聚焦某一个产品解决这一类人群的问题，产品策略无不是成就他们的法宝。

2. 分散策略

聚焦策略也有它的问题，问题就是孤注一掷风险太大。形象地说，它相当于把所有的鸡蛋放在一个篮子里，如果一不小心这个篮子掉地上了，结果呢？覆巢之下，焉有完卵？诺基亚专注数字手机，柯达专注胶片摄影，结果一个个都倒下去了。所以，后来出现了分散策略，它把资源分散，搞多元化、多极化的产品，不聚焦，搞分散。分散策略最大的好处就是找到市场上新的增长点，减少单一产品带来的风险。由于受地产低迷的影响，万达将 2016 年房地产销售收入目标降低40%，从2015 年1640 亿元收入目标减少到1000 亿元。王健林为什么要大幅缩减地产项目呢？因为万达商业地产所需要的核心资源是土地和资金，而这些资源掌握在政府手里，万达对政府的依赖性太大，而地产发展造成库存严重过剩，房源供应远远大过市场需求。所以万达只能阶段性地聚焦地产，最后还是要走多元化的路线，在不同的市场领域寻找新的业务增长点，在产品策略上采取分散策略，这无疑是正确的选择。

企业应该选择哪一种产品策略呢？这要结合企业的定位和所处的阶段，甚至还有企业家的决心和魄力。在这里我们可以分享A企业的经验。2013年之前，A企业采取分散策略，什么细分市场都做，什么产品都做，结果无法凸显企业竞争优势，在市场上非常被动。后来通过“市场鸡”分析法，找到企业主攻市场，清晰地描述了未来十年企业的愿景目标。通过十年的不懈努力，A企业将成为中国医药冷链物流第一品牌，在此基础上创建一个集医药仓配一体化的、高效的、高度专业的医药物流服务平台，同时启动资本市场，致力2020年完成企业上市工作。接下来我们进一步分析，确定完成企业使命所需要的核心资源是技术、人才、管理体系与操作网络，而这些东西都在我们的掌控之中。所以，我们决定采取聚焦策略，第一阶段集中优势力量打造2℃~8℃的冷链运输爆款产品推向市场。结果证明，我们这种策略是对的，那些潜在客户因为我们的爆款产品领先市场纷纷倒戈，价格比之前的供应商高出10%也跟我们合作，而且四处给A企业的产品点赞。正因为产品为我们说话，客户为我们传播，这些年很多企业的销售业绩全线下滑，甚至面临生存危机，而我们的业绩持续增长，利

润持续倍增。

3. 延伸策略

如果产品的市场容量有限，而且到了已经无法满足企业持续增长的要求。那么，我们需要在原有产品的基础上延伸开拓更大的市场，这就是产品延伸策略。怎么延伸呢？

（1）从价值细分去延伸

通常，企业销售一个产品，就一个单价。如果我们把产品细分一下，分成高端、中端，甚至低端三个档次，然后高端产品有高端的价格，中端产品有中端的价格，低端产品有低端的价格，这就是从价值细分去延伸。有些企业家会说，我们公司卖的都是高端产品，不能分。事实上，即使是高端产品也可以细分。苹果6系列出来了，苹果是高端产品，但是它也有三个档次三个价格，苹果6是一个价格，苹果6s是一个价格，苹果6Plus又是一个价格。为什么要从价值上去细分？因为每一个价值区间对应一个客户群体，价值细分意味着扩大了产品的客户群体，意味着扩大了企业的市场容量，无疑增加了潜在销售收入。

A企业又是怎么做的呢？他们原来有一个2℃~8℃的冷藏产品，只有一种配置，一个价格。后来大家发现企业的产品过于单一，消费群体太小，影响开源。那怎么办呢？从产品价值细分去延伸，在原有的产品基础上细分三个档次，三个价格。一个是顶级配置的高端产品，所有保温装备都是国外进口的，世界最新、最高端的装备，价格也会比较高。当然有它的市场，那些全球领先的医药公司、临床研究机构，比如说科文斯、美莱普、昆泰，他们有这个需求。然后搞一个中档配置的产品，国内最先进的装备，国内最好的设备，价位适中。所以，国内一流的医药企业、一流的临床研究机构，比如说华大基因、国药、上药这样的企业，他们有这个需求。最后还搞一个低端配置的产品，所有的装备是国内成熟的设备，面对那些比较在意价格的医药公司与临床试验机构。但是，这个产品的价格可能上不去，因为技术国内比较成熟，你采用的装备竞争对手也在采用。所以，价格是上不去的，高精尖的品牌地位难以形成，但是也要做，因为它面对的客户群体大，市场容量大。因此，A 企业即便是做高端也在高端产品上面有一个价值细分的延伸，延伸三个档次三个价格，每一个价值区间上聚集一类客户。所以，通过价值细分去延伸，产品覆盖的市场面积大了，潜在的客户群体也就多了。这就是从产品的价值细分去延伸，向上、向下都可以延伸。

（2）从丰富产品线去延伸

假如企业过去经营的产品线是两大类、六个单品，然后我们从两大类增加到三个大类、四个大类、五个大类，接下来再增加几个单品，丰富到十个、二十个等，这就是从丰富产品线去延伸。从经营会计的角度来说，丰富产品线是提高边际效益的最佳方法。因为企业的销售平台，包括门店、经销渠道、网络和员工队伍都是现成的，没有固定成本的投入，而且在已有的客户里面只要引进产品种类就可以轻松找到新的利润增长点，这是一个事半功倍的经营策略。所以，A 企业也在不断地丰富产品线。刚开始局限 2℃～8℃的冷藏产品，产品品类太少。怎么办，从产

品线上去延伸，增加到 -78℃ ~ -20℃的冷冻运输产品，高中低三个档次，也就是增加了一个品类三个单品。这还不够，接下来又增加了15℃ ~25℃的阴凉运输产品，高中低三个档次。但是，这还是不够！后来又增加0℃ ~30℃的恒温运输产品和其他温度区间的运输产品。这样一来，A企业从一个品类延伸到了五个大类，从三个单品延伸到了十多个单品。所以，A企业的市场容量变大了，赢利的机会就多了。

（3）价值链细分去延伸

什么是价值链细分延伸呢？它是从产、供、销这个链条上去延伸和开拓。比如过去，你可能是做原材料这一块，做加工这一块，做配送批发，或者是做销售，这是价值链的四个环节。在价值链的四个环节上，可以向上游发展，也可以向下游发展。安踏刚开始只是一个制鞋厂，主要是为跨国公司OEM生产运动鞋，后来致力于开拓国内分销渠道，连渠道和销售都做了。这就是生产企业向下游发展去做渠道，做销售，向价值链的下游发展。生产企业也可以向上拓展把原材料这一块也做了，这叫价值链向上延伸。比如本田、丰田，很多汽车零配件企业都是他们投资控股的，这就是价值链细分向上延伸。总而言之，我们可以沿着产、供、销这个价值链，向上或者向下延伸。

（4）从区域拓展去延伸

耕耘市场有一个大树原理，意思是企业找到立足之地后，需要像大树一样把根扎下去，根基牢固。企业有了牢固的根基之后接下来就要形成一套卓越的经营模式与管理模式，向其他区域逐步辐射，逐步复制壮大，这就是从区域拓展去延伸。比如，企业起步在北京，销售在北京，客户在北京，北京成熟以后可以把业务辐射到北京周边地区，辐射到整个华北、全国，甚至全世界。这是从区域拓展去延伸，本地走向区域，走向全国，甚至走向国际化。

(5) 从渠道拓展去延伸

现在的销售渠道是多样化的，有线下的销售渠道，也有线上的销售渠道；有自建销售网络和渠道，也有嫁接销售网络和渠道，我们各个渠道都可以去尝试，去打通。可能我们原来只做线下渠道，现在是移动互联网时代，线下线上可以同时来做。我们原来可能只在淘宝，或者京东一个互联网平台上去销售，现在可以在多个互联网平台上去销售，甚至利用移动互联网平台去销售。我们原来可能是坐商，坐在家里等着客户来，现在可以变成行商，直接派业务员到大客户那边去做销售等。这就是从拓展渠道去延伸。

总而言之，产品延伸策略是一种寻找商机和利润增长点的思路。怎么去做延伸呢？价值细分去延伸、丰富产品线去延伸、价值链细分去延伸、区域拓展和渠道拓展去延伸，这是产品延伸策略的五种思路。

二、运营策略

结合企业的定位，选择好运营策略，坚持十年，企业的优势就凸显出来了，市场地位就巩固了。通常，企业有服务领先策略、产品领先策略、效率领先及整合领先的运营策略，我们要做好选择，并且一贯

地坚持下去。

1. 服务领先策略

把服务领先视为企业运营的一个基本定位，强调员工细致周到的服务，比如怎么跟客户建立亲情关系，如何快速解决客户问题，怎么积极主动等。同时，企业倾心打造充满温馨的经营场所，让客户感到温暖，备受关爱，从而流连忘返。像海底捞、希尔顿饭店、海航、中国高铁等服务型企业，他们基本上都在采取服务领先的运营策略。服务领先策略的背后意味着高昂的收费。因为服务是有成本的，必须有一个比较高的客单价来支撑服务的成本。比如说海底捞，味道很一般，也没有什么其他特色，但是收费挺高，原因就是它的服务好。好到什么程度呢？上厕所都会有人关照你，但是对不起，他们的关照你是要付费的。但是客户满意，即便是高昂的收费，客户乐在其中，因为客户享受的就是人前人后有人关心有人问的感觉。

2. 产品领先策略

把提供科技、时尚、高品位的产品视为企业经营重点和抢占市场制高点的筹码，像华为、苹果、格力、阿迪达斯这样的企业，他们长期采取产品领先策略。它在运营上有什么要求呢？企业在政策和机制上鼓励突破传统思维创造性地解决问题，鼓励科技创新、产品创新和方法创新。就华为而言，2014 年共有 76000 名研发人员，其中有 1 万名博士，在全球设立了 16 家研发中心。还与全球领先的运营商成立了 28 个联合创新中心，分布在美国、英国、日本、加拿大、瑞典、德国、法国、俄国、印度等国。任正非对研发投入的基本标准是不低于销售收入的 10%，即比标准高了 4.2%。2014 年，华为投入研发的经费为 408 亿元人民币，相当于 65 亿美元，占当年销售收入的14.2%，近十年华为累计投入的研发费用超过人民币1900亿元。因此，产品领先的背后是一个高昂的客单价，羊毛出在羊身上。所以，华为无论是产品的品质还是价格，都在逐年攀升。

3. 效率领先策略

把提升组织效率和效能作为经营重点和决胜市场的法宝，像富士康、戴尔、沃尔玛这样的企业，他们一直采取效率领先策略。为什么很多企业采取这样的运营策略呢？因为很多客户喜欢实惠，喜欢物美价廉的产品，而企业正好瞄准了这样一个客户群体，从而采取了这样的运营策略。效率领先的运营要求是什么？注重成本结构分析，持续改进做到成本最低效率最高，致力于在出售价格比较便宜的情况下，企业仍然有可观的利润空间。比如郭台铭的鸿海集团（富士康母公司），他们一年的研发费用是489亿台币，相当于14亿美元，和华为相比，研发费用少得可怜，其中的原因是什么呢？鸿海集团面对的是理性采购的专业客户，售价上不来，所以只能采取效率领先的运营策略。所以，像富士康这样的企业特别注重成本结构分析，持续改进做到成本最低效率最高，在各个方面的投入能省则省。

4. 整合领先策略

把整合内外资源形成卓越客户服务平台作为撒手锏的运营策略，像UPS、GE、亚马逊、阿里、腾讯、携程、优优祝福等，它们采取的就是整合领先的运营

策略。2015 年 1 月，李克强总理在深圳调研时说：“我希望你们要抱团取暖，而不是在寒冷的冬天，要天天如此。”总理还说：“一个人干不过一个团队，一个团队干不过一个系统，一个系统干不过一个趋势，团队 + 系统 + 趋势 = 成功。”那么，将来的趋势是什么？产业链整合、生态链整合、地缘化整合等，通过整合优势互补提高效率。所以，整合策略越来越受到企业家的重视。那么，整合领先策略有什么运营要求呢？强调兼容性，产业链的兼容性，互联互通技术的兼容性，价值取向的兼容性等。然后是商业规则的公平性，它的商业规则必须是公开透明，公正公平。最后就是互惠互利，共享共赢。

有了四种运营策略的概念以后，接下来大家会思考我们该采取什么策略呢？关于这个问题的回答，我们要结合企业的市场定位，客户群体的索求，以及组织发展方向综合考虑。下面结合 A 企业的运营策略选择做一个解释。A 企业的愿景目标是成为中国医药冷链物流第一品牌，它专门为 CRO（合同研究组织）、医药临床研究机构和医院提供专业冷链运输服务。客户对运输过程中的温度控制要求极其严格，实施全程监控，不能有丝毫偏差。而且 A 企业面对的人群都是世界知名医药研究机构的科研人员、知名医院的医生，水平高素质好。综上考虑，我们选择产品领先策略和服务领先策略，两者相结合。当然，领先背后需要强大的投入，所以产品卖出去的价格也比较高。从市场反馈的效果来看，A 企业的运营策略无疑是对的，因为它与企业的定位是相匹配的，所以赢得了众多客户的信赖和选购。

三、 营销策略

营销为王，不管什么企业，只有把产品卖出去，只有把效益搞上来，才算是真正的王者。怎么把企业的产品卖出去呢？营销策略起到至关重要的作用，所以我们需要研究它的策略问题。

1. 交易式营销策略

如果客户了解自己想要采购的产品或服务的大量信息，对自己的需求也有充分的认识，他们的焦点在产品价格、功能和便利性，这就有必要采取交易式营销策略。鉴于顾客的焦点是价格和产品本身，而从什么地方购买，从哪个销售人员购买并不在乎，所以企业重点是降低客户采购难度，节约客户购买成本等问题。显而易见，但凡能够形成标准的商品或者服务，都可以采取交易营销策略。比如麦当劳、肯德基、真功夫、保洁等，它们纷纷形成一整套产品或者服务的标准，然后借助销售渠道采取交易式营销策略快速扩张，从而实现了企业的爆炸式增长。

交易式营销理论的依据是罗姆·麦卡锡教授于1960年提出的4P理论，即产品（Product）、价格（Price）、促销（Promotion）、渠道（Place）四要素。它针对的是油、盐、柴、米、酱、醋、茶等日常消费品，顾客有较高的认知度，甚至各小区的便利店都有出售的产品。那么，针对这样的商品，企业应该怎样运作呢？通过品牌营销提升顾客对产品本身的认同感，建立庞大的分销渠道提高客户采购的便利性，在价值上满足顾客短平快的短期利益。所以销售人员不需要花费太多时间去评估顾客需求，不需要去关注解

决顾客问题，交易结束营销活动终止，淡化售后服务和客户关系管理的内容。

2. 顾问式营销策略

假如企业提供的产品或者服务技术含量较高，具有一定专业内涵，顾客对它了解比较肤浅，甚至完全不了解。在这种情况下，企业必然采取顾问式营销策略。它的重点在于诊断顾客问题，掌握潜在的需求，然后结合客户需求提供针对性的解决方案，最终需要有效地解决顾客的问题。顾问式营销有一个形象的比喻，正如患者去找医生抓药，作为医生来说肯定是先诊断患者病情，然后结合病情对症下药。实际上，医生给患者治病采取的就是顾问式营销策略。因为医生卖的不是简单的药品，而是先诊断患者的病情，然后结合病情开具处方，最后叮嘱患者遵照处方接受治疗。由此可见，顾问式营销策略要求销售人员具有一定的专业知识和敏锐的洞察力，能够精准诊断客户存在的问题以及潜在的需求，然后结合客户的潜在需求提供个性化的解决方案，最后通过解决问题促成交易。因此，它广泛用于医疗、中介、咨询、高新技术、工业产品、房产、保险、金融等专业性领域。

显然，顾问式营销是站在客户的角度，它依据的是美国学者劳特朋教授1990年提出的4C理论：顾客需求（Consumer's Needs）的满足、顾客购买所愿意支付的成本（Cost）、与顾客的双向交流与沟通（Communication）、顾客购买的便利性（Convenience）。因此，顾问式营销是站在客户的角度，诊断客户的问题，然后在与顾客进行充分沟通与交流的基础上，量身定做全方位的解决方案，满足客户多层次的需求。它是特别适合客户的需求比较复杂，需要专业引导的消费群体。

那么，顾问式营销需要注意哪些问题呢？首先，它的成交周期比较长，需要与客户建立深度的信任关系，所以应当避免追求短期利益，而应注重客户的长期回报。其次，对员工的要求很高，需要对员工进行全方位的培养，包括专业知识技能、项目管理、客户需求分析、解决方案设计、客户沟通、团队建设、时间管理等方面的培养，这个周期也比较长，需要耐心。

3. 用户参与式营销策略

用户参与式营销是基于（移动）互联网、智能产品搭建一个线上交互式平台，甚至包括线下活动，让更多的用户先参与其中形成良好的体验，然后在此基础上做销售的一种策略。它是时代的产物，在大众日用消费品产能严重过剩、移动互联网技术完全成熟、产品智能化，以及年轻一代的消费主力热衷参与等因素交织下悄然盛行。比如腾讯一年投入几十个亿搭建微信平台，让用户参与体验，结果每天几个亿的用户都要在微信上花费几个小时，有的甚至更长。接下来微信提供转账、手机充值、理财通、生活缴费、城市服务等服务项目，同时还提供第三方服务，包括滴滴出行、火车票机票、京东精选、吃喝玩乐等栏目，最终用户变成客户，腾讯公司因此有几个亿的潜在客户群体。

用户参与式营销策略还有一个非常成功的案例，那就是 360 安全中心一款免费的云安全杀毒软件，即

360 杀毒。虽然免费，但是它具有查杀率高、资源占用少、升级迅速等优点，而且零广告、零打扰、零胁迫，一键扫描，快速、全面地诊断系统安全状况和健康程度，并进行精准修复，其防杀病毒能力得到多家国际权威安全软件评测机构认可，荣获多项国际权威认证。据艾瑞咨询数据显示，截至 2014 年年底，360 杀毒月度已接近 4 亿用户量，一直稳居安全查杀软件市场第一把交椅。那么，免费产品如何赚钱呢？360 认为，免费产品有两种基本收入模式，一种是广告模式，另一种是增值服务模式。作为安全软件，360 显然不适用于广告模式，因此选择了通过增值服务来实现赢利。在庞大的用户基础上，360 面向少数用户提供个性化的收费服务，譬如安全备份与存储、一对一的远程电脑维修服务等。因为 360 月度杀毒已接近 4 亿用户量，其中只要有 1% 的用户使用 360 的收费服务，它的收入就会非常可观。所以，目前 360 已经初步实现赢利。采取用户参与式营销策略的企业正在兴起，滴滴出行、优步、梦之旅俱乐部、各种众筹项目等，其实都采用了用户参与式的营销策略。

用户参与式营销的依据是奥美互动全球 CEO（首席执行官）布莱恩提出的 4E 理论，即体验（Experience）、花费（Expense）、电铺（E－shop）、展现（Exhibition）四个基本要素。布莱恩的 4E 理论指出，企业必须从单纯的产品推荐转移到全面的顾客消费体验上来，让客户有良好的体验，在体验的基础上形成你的用户群体，这是第一个要素，体验（Experience）。第二个要素是花费（Expense），站在客户的角度叫作花费，花费时间，花费成本。但是，如果站在企业的角度，客户给你创造直接的销售收入，还给你创造流量。其实流量也是潜在的收入，因为流量加广告模式，或者加增值服务同样可以赚钱。第三个要素是电铺（E－shop），传统 4P 时代，销售依赖由经销商和终端店面构成庞大的渠道（place）。而4E时代依赖的是由物流和电铺组成的销售管道，其中电铺完成商品交易，物流完成商品交付，完全取代了4P时代的销售渠道（place）。那么，什么是电铺呢？它是利用电子虚拟技术将商品信息放在网络上，或者在实体终端的基础上引入电子信息拓展而来的销售管道。第四个要素是展现（Exhibition），传统的4P促销手法主要是广告、促销、客情三个方面。但在移动互联网时代，只有这三个方面是不够的，我们需要将自身独特的优势精心地展现在顾客面前，吸引点击或询盘。正因为展现（Exhibition）可以获得流量，包括收视/听率、到达率、点击率、有效滞留时间等。同时，展现也可以获得咨询，包括电话咨询、在线咨询、柜台咨询等。因此，现代企业必须加大网络展现的有效投入，包括官网的展现，比如PC（个人计算机）官网、移动官网、App展示。然后在网络海洋里去展现，包括门户网站、论坛、博客、朋友圈等，甚至还可以在淘宝、京东、微店、公众平台、大众点评等网店上面去展现。

有了4E的理论框架，企业如何吸引更多的用户，如何线上线下推动产品销售就有了一个基本的思路。特别是80后、90后，他们是彰显个性的一代，有强烈的好奇心与参与感。所以，企业可以在4E理论框架的指导下采取用户参与式的营销策略，因为它可以满足客户参与感的需求，满足用户彰显个性自我实现的需求。

4. 跨界整合营销策略

李克强总理曾经说："互联网时代是一个整合的时代，被别人整合，说明你有价值，能够整合别人，说明你有能力。在这个年代，你既整合不了别人，也没人整合你，那说明你离成功还有很远！"所以，我们要与时俱进拥抱趋势，积极参与社会大整合、大联盟。我们既可以植入别人的平台，被别人整合；同时，如果我们有足够的能力，也可以把别人整合进来。

我们先看一个案例，《愤怒的小鸟》。芬兰有一家叫 Rovio 的小公司，开发了《愤怒的小鸟》这款休闲益智类游戏，这款游戏的故事相当有趣。

为了报复偷走鸟蛋的肥猪们，鸟儿以自己的身体为武器，仿佛炮弹一样去攻击肥猪们的堡垒。游戏是十分卡通的 2D 画面，看着愤怒的红色小鸟，奋不顾身地往绿色肥猪的堡垒砸去，那种奇妙的感觉令人感到惬意，而游戏的配乐同样充满了欢乐的感觉，轻松的节奏，欢快的风格。游戏的玩法很简单，将弹弓上的小鸟弹出去，砸到绿色的肥猪，将肥猪全部砸到就能过关。而鸟儿的弹出角度和力度由玩家的手指来控制，但要注意考虑好力度和角度的综合计算，这样才能更准确地砸到肥猪，而被弹出的鸟儿会留下弹射轨迹，可供参考角度和力度的调整。另外每个关卡的分数越多，评价将会越高。在这样的游戏规则下，愤怒的小鸟为了护蛋，展开了与绿色肥猪之间的斗争，触摸控制弹弓完成射击。正因为游戏的人性化设计，所以很多年轻人和小孩都喜欢玩。

但是，通过什么渠道把游戏快速地卖出去呢？2009 年 12 月，愤怒的小鸟首发于苹果公司开发的移动操作系统（iOS），让 iOS 的用户喜闻乐见。接下来登录 Google（谷歌）公司开发的操作系统（安卓，Android)，因此版本完全免费，所以插播了广告，但足以让 Android 用户们兴奋不已。Rovio（芬兰手机游戏开发商）公司取得前期的成功以后，迅速登录 WebOS（嵌入式操作系统）、Symbian（塞班）等移动平台，3DS（多功能三维动画软件）、主机、PC、PSP（掌上多媒体娱乐终端设备）等平台，但在接下来的平台上下载都要收取一定的费用。比如，愤怒的小鸟 Symbian^3（塞班 3）版在 Nokia OVI Store（诺基亚手机商店）上提供下载的售价高达 3 欧元。2011 年 3 月，Rovio 与 20 世纪福克斯电影公司联手打造推出《愤怒的小鸟里约版》，十天实现了 1000 万次的付费下载，总共下载了 3.5 亿人次。我们可以想象一下，总共有多少下载收入？所以，2011 年和 2012 年，Rovio 公司成为全球成长最快的企业。不难发现，这就是一个植入别人的平台被别人整合的经典案例。

我们再看第二个案例，苹果系统平台的资源整合。苹果 6Plus 在中国大陆首发的价格大概是 6000 多元，但是，苹果公司每卖出一台苹果 6Plus 能赚多少钱呢？有报道称，平均而言，苹果公司每卖出一台苹果 6Plus 基本上要赚到 2 万元。这 2 万元是怎么来的？比如说你在苹果 6Plus 的手机平台上下载游戏，下载一些东西，你是要付费的。同时，苹果还在它的系统里嵌入商城、生活、娱乐和公益活动等，但凡我们在手机平台上进行消费，我们都会给苹果公司贡献利润。所以，苹果公司赚的不仅仅是硬件的钱，还有跨界整合到它手机

系统里的商业活动。众所周知，苹果手机在全球拥有数亿量级这样一个庞大的用户群体。所以，苹果公司卖硬件可以创造利润，跨界整合可以创造更大的利润。因此，苹果公司成为全球最赚钱的公司。

那么，既然跨界整合营销有如此大的魔力，那它适用于哪些领域呢？在互联网盛行的大整合时代，只要你出色，什么产品都可以，什么领域都行，没有什么特别的要求。它的理论基础就是互联网平台化的经营思路。当然，整合营销也是一件相当恐怖的事情，因为传统的营销你会知道自己的竞争对手是谁，如果你知道自己的竞争对手是谁，你就会去了解它，你可以做到知己知彼。但是，整合营销呢？你不知道自己的竞争对手是谁，你不知道自己的竞争对手来自哪里，却突然就被对方撂倒，这是一件非常恐怖的事情。

总而言之，现在最流行的营销策略就是以上四种。那么，贵公司目前采取的是哪种营销策略呢？甚至还可以增加哪些营销策略呢？

早在 2013 年前，A 企业定位做合同物流，因此采取顾问式营销策略。但是这种策略下人才很难培养，全员营销很难推行。所以，企业的业绩增长乏力，企业很难做大。怎么办呢？随着企业从合同物流向医药冷链物流发展的转变，我们设计了标准产品，并且通过 IT 信息系统共享产品信息。随后营销策略也进行了大幅调整，四种策略都用。其中分公司主要采取交易式营销策略，像肯德基和麦当劳一样销售标准产品。当然，北京、上海、广州、成都等条件比较成熟的分公司也做顾问式营销。PM（项目管理）中心主要采取顾问式营销策略，主攻年销售收入百万量级以上的项目客户。而市场中心主导用户参与式的营销平台建设，营运中心主导跨界整合营销的内外协调工作。基于以上四种营销策略的有效推行，A 企业搭建了一个完全开放式的开源体系，充分整合内外资源，企业效益自然稳步提升。

四、财务策略

财务策略是一种选择，要利润，还是要市场份额？如果要利润，那要牺牲市场份额。如果要市场份额，那要牺牲企业利润。因此，财务策略有两种选择，稳健赢利策略和资本驱动策略。

1. 稳健赢利策略

对于苹果、华为、格力等实体企业来说，既要争取市场份额，确保增长态势，但更需要利润，特别是在利润与市场相冲突的情况下，实体企业优先考虑利润。也就是说，必须将商品或者服务总成本考虑在内的基础上，销售某件商品或者服务必须要赚到钱。在财务上，这就是稳健赢利的策略。对于成长型的实体企业而言，如果企业的毛利率很低，甚至低于10%，你想要快速扩张，规模化运作基本不可能，因为你要销售大量的产品去覆盖你的运营成本。所以，实体企业不宜牺牲合理的利润快速扩张，如果企业的毛利率在10%以下，第一要务就是把毛利率提上来，至少是把毛利率提升到30%以上。而且现金流也不错，然后在既定的商业模式下，实现利润的稳步增长，步步为营，这是稳健的财务策略。

2. 资本驱动策略

虚拟经济领域的互联网企业，包括整合领先平台型企业，比如亚马逊、阿里巴巴、京东商城、滴滴出

行、优步、易到用车等，它们首选考虑的是要市场份额。通过借助资本的力量，驱动企业快速把规模做起来，最后形成几乎垄断地位，或者消费者形成习惯以后，接下来着手实现利润最大化，这就是资本驱动的财务策略。比如，腾讯耗资几十个亿开发“微信智慧生活”全行业解决方案，以微信公众号+微信支付为基础，帮助传统行业将原有商业模式“移植”到微信平台，涉及的服务能力包括：移动电商入口、用户识别、数据分析、支付结算、客户关系维护、售后服务和维权、社交推广等。但是，微支付开始的时候不收任何手续费，免费让广大用户体验形成习惯。时至2016年3月1日，微信提现需要收取手续费了，提现金额在3000元以上，收取千分之一的手续费。

企业到底选择哪一种财务策略呢？这是由它们的赢利模式所决定的。下面我们分享一家互联网企业的运作情况。2014年5月中旬，爱鲜蜂上线，它专注于社区生鲜最后一公里配送，主打闪电配送。在北京市区已拥有2000多个配送点、40万用户、北京核心区域实现了60分钟社区快速生鲜配送。目前上海、广州、深圳也已开通，并迅速运转起来。上线之初，爱鲜蜂获得了来自清流资本数百万元天使投资。到2014年10月中旬，公司尚未推出独立App，但它对外宣布完成了额度为千万美元级别的A轮投资。后来，公司相继拿到高瓴资本的B轮融资，红杉资本7000万美元的C轮投资。爱鲜蜂从上线不到两年的时间，公司从几百万美元的天使投资，到市值60亿美元的高成长移动互联网络公司，其财富的增长速度，十分惊人。但是，这些股东们却战战兢兢如履薄冰，因为企业一直处在投资亏损状态，如果没有下一轮资本接盘，一切都会化为乌有。

现在流行一种说法：原来我们评估一家企业，关键是看它一年下来实现多少赢利，然后还要看它实现赢利的模式。但现在不同了，现在看的是这个企业的赢利预期。如果有一个好的赢利预期，有一个非常广阔的市场前景，讲一个诱人的故事，那这个企业就能得到投资机构的青睐，接下来就投入大笔的资金。投入资金之后，立刻进入一种烧钱模式。当一笔投资烧完后，要么，迎来第二笔投资，要么，顿然消失。

2015 年 7 月 27 日，百度 CEO 李彦宏在接受媒体参访时说："现在几乎所有做 O2O（线上线下电子商务）的企业都是在烧钱，包括百度在内。"这和当时中国电子商务公司刚刚兴起时是一样的，十年前，亚马逊、阿里巴巴都在赔钱，这好像是在证明赔钱有理。因为如果一个企业刚创立就以赢利为目的，必然达不到最大的市场规模。然而，只有达到几乎垄断的市场规模之后，企业才能夺得定价权，才能使利益最大化。

彼得·蒂尔写了一本书，书名叫作《从 0 到 1》，这本书阐述了这个观点。它说亏损的企业未必是坏企业，而不追求市场规模的企业肯定不是好企业。特别是亚马逊公布 2015 年第二季度业绩的时候，正好是扭亏为盈，市值超过了零售巨头沃尔玛。这一个消息的传出，资本给力的烧钱模式更加有理。

但是，如果我们认真去分析，亚马逊与沃尔玛根本就不是同一种类型的企业。亚马逊是互联网思维的虚拟经济，整合领先的范畴。它要整合产业链上下游各类企业，以及无数的用户进驻平台才能凸显其优

势。所以，亚马逊只能采取烧钱模式，必须会讲故事吸引资本市场的投资。什么无人机送快递、预判发货的专利、用机器人代替物流操作的佳话，一个又一个的故事。因为通过这些概念性的故事，亚马逊的科技感就出来了，亚马逊的神话就出来了。它的神话一方面吸引了无数的用户，另一方面投资者对它的估值就会掂量掂量，最后就会给它一个比较高的估值。

高估值究竟意味着什么？意味着判断互联网企业的价值并不是简单地看赢利状况，而是节奏。看你什么时候烧钱抢占市场培育用户，什么时候转化赢利。换而言之，关键不是亏损，不是赢利，而是在什么时候，这就是当下流行的一种观点。

因此，如果像亚马逊、阿里、京东、滴滴打车这样的互联网企业，无疑需要选择资本给力的财务策略，快速占领市场，快速争取更多的用户数量保持几乎垄断地位，让消费者形成稳定的消费习惯，然后着手实现赢利的最大化。但是，成长型实体企业需要采取稳健赢利的财务策略，实体企业的规模扩张是完全依赖于合理的利润空间来推动的。

五、人才策略

通常来说，企业的人才策略有亲情策略、职业经理人策略、事业合伙人策略。

1. 亲情策略

中国有一句古话，叫作打虎要靠亲兄弟，上阵要靠父子兵。亲情是打断骨头连着筋，它的力量巨大而又神奇。正因为这种神奇的魔力，所以中国众多企业家的成功不可复制，究其原因是企业家的亲情圈子没法复制。比如任正非、王健林、王石、马云等，他们的亲情关系普通人无法拥有，也无法效仿。这样的亲情关系在其成功的道路上无不起到推波助澜的作用，特别是在企业起步阶段，企业较弱小不够强大，亲情不离不弃，无怨无悔，全力以赴地支持你。因此，对于初创的企业来说，情亲策略是蛮好的选择，七大姨、八大姑统统都是好帮手。因为他们不抛弃不放弃，任劳任怨。当然，亲情策略也有弊端，比如亲情圈子专业化程度不高，原则性不强等。同时如果哪一天公司做大做强了，奢靡之风、享乐主义很可能抬头。而且他们会排斥新鲜血液，影响新生力量的融入，这是亲情策略的弊端。

2. 职业经理人策略

欧美企业崇尚职业化策略，他们的职业化是从一百多年的市场变革中总结出来的，然后形成了一整套科学的工作方法和实用工具，所以非常专业，很有素养，是训练有素的正规军。相比之下，职业经理人执行力强，办事雷厉风行，效率高，令行禁止。所以，如果企业经过原始积累步入正轨有必要采取职业化的人才策略，因为它可以带动公司迈上一个新的台阶。那么，职业经理人有什么不足呢？文化冲突，价值观冲突，很难融为一体，协同效应差。而且职业经理人太过看重短期回报而不注重企业的长期发展，不能同甘共苦共同进退，可以锦上添花，但不能雪中送炭。

3. 事业合伙人策略

这是大众创业、万众创新的时代。伴随国家鼓励、媒体熏陶、家庭以及社会的教育，年轻人都有创业的梦想和情怀。但是，单凭一己之力创造一番事业困难重重，所以需要大家联合起来共创一份事业。在这种背景下，很多企业紧跟时代步伐纷纷推出事业合伙人模式。比如，海尔率先推出员工创客，率先提供员工创业孵化平台，只要你有专利，有项目，海尔给你投资，员工在海尔搭建的平台上进行创业。然后海尔有股份，你也有股份，大家合伙经营，这就是事业合伙人的经营模式。

那么，事业合伙人策略有哪些优缺点呢？它的优点是员工的主人翁意识特别强，有长远视角，不会计较一时之得失，完完全全把工作当成事业，尽善尽美。弊端是需要有一套完善的市场化运作机制加以约束，优秀的合伙人比较难找，培养起来也比较费劲。

面对以上三种人才策略，企业家应做何种选择呢？当然，与企业相匹配才是最好的。在这里我谈谈 B 企业是怎样匹配的，B 企业风雨 18 年，历经亲情策略、职业经理人策略两个阶段。但是，面对市场环境的变化，企业变革致力于搭建开放式的创业平台。所以，人才策略也应调整。结合匹配性原则，B 企业决定分公司总经理、PM 中心与职能部门的负责人采取事业合伙人策略，结成长远的事业共同体。而各单位内部提倡亲情管理，营造温馨的工作氛围。跨部门合作强调职业化，重视契约精神，言必信，行必果。结合三种人才策略的有效运用，B 企业厘清了各级各类人才的合作关系与管理的模式，为企业的持续发展排除了障碍。

检讨与反思

结合持续赢利自主经营平台的四个要素，检讨本企业的实际情况，然后重新梳理企业战略部署，最终方案可以扫描本书二维码，联系本书作者参与点评。

第三章 培育人才竞争优势

一支部队，无论有多么好的武器和装备，如果有一个懦弱的首长那就是一群废物；

一家企业，无论拥有再好的薪酬分配制度和管理机制，如果有一个懒散的团队那就是一堆废品；

一个团队，无论有多么详尽的计划，如果有一个素质低下执行者那就是一张废纸。

其实不管是一支部队，还是一家企业，都要面对人的问题。如果说人没有问题，基本上也就没有什么问题。

因此，在本章的开篇笔者再次强调：人的问题真的很重要，企业应当建立选、育、用、留的科学机制，保障人才队伍的纯洁性和战斗力，因为如果把人搞定了，整个世界就搞定了。

第一节
选将任帅的修炼

孙子说：“夫将者，国之辅也。辅周则国必强，辅隙则国必弱。”由此可见，选将任帅是企业的头等大事。有权威机构调查显示，选对骨干人才，企业成功了60%。那么，既然选将任帅这么重要，它的理论依据是什么呢？选将任帅的评估标准、方法和程序呢？

一、胜任素质模型的概念

1. 胜任素质的“冰山”模型

20世纪六七十年代，研究胜任素质模型的第一人麦克里兰先生，他在给美国政府甄选驻外联络官之时，总结出来三个要素识别岗位胜任素质，如图3－1所示。

一是知识/技能，二是行为习惯，三是个人特质。其中知识技能是冰山以上的部分，容易判断，可以培训改进，但难以预测长期的高绩效。冰山最下面的部分是个人特质，它具有很强的隐蔽性，主要是通过行

图3－1 胜任素质的“冰山”模型

为习惯而表现。比如说工作认真是一种习惯，工作马虎也是一种习惯，这两种截然不同的习惯是由个人特质的差异而造成的。所以，行为习惯是胜任素质里面最重要的一个表现形式，可以观察，可以评估判断，可以引导发展，并且与长期的高绩效高度正相关。这是麦克里兰对胜任素质“冰山”模型研究的重要贡献。

2. 胜任素质的“洋葱”模型

胜任素质模型的理论体系也在不断地发展，现在还有胜任素质的“洋葱”模型，如图3－2所示。

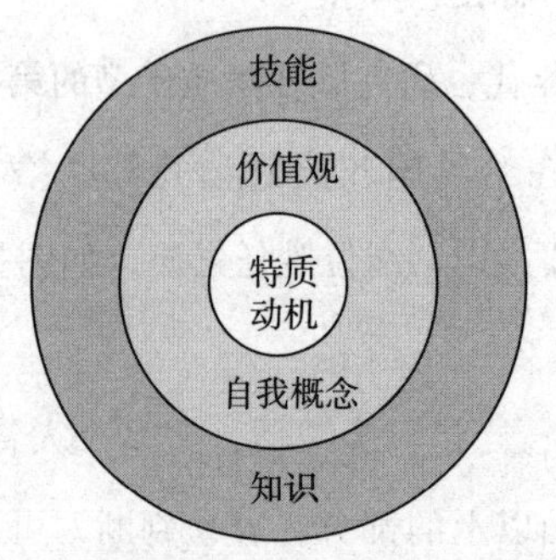

图3－2 胜任素质的“洋葱”模型

所谓“洋葱”模型，它是由内至外层层包裹的结构，最核心的要素是动机与特质，向外依次展开是自我概念、价值观、知识与技能。

大体上，“洋葱”最外层的知识和技能，相当于“冰山”之上露出水面的部分。“洋葱”最里层的动机和特质，相当于“冰山”之下埋藏最深的部位。“洋葱”中间的自我概念与价值观等，相当于“冰山”下面的浅层部分。总而言之，越到外层，越容易培养和评价，越到内层，越难以评估与培养。所以，从本质上来说，“洋葱”模型与“冰山”模型如出一辙，都强调动机与特质的重要性，都强调只有核心素质才能预测一个人的长期绩效。但是，“洋葱”模型更突出潜在素质与显现素质的层次关系，层次感与逻辑性更强。

二、 选将任帅的标准和方法

当我们有了胜任素质模型的理论基础以后，选将任帅就有了明确的方向和方法，甚至还可以结合企业的实际情况建立素质标准。那么，选人的方向在哪里呢？显然，不管是找人物还是找人才，不能局限于知识和技能的考察，更应综合考察动机、特质、价值观和自我概念等因素。

接下来我们结合一个大家都熟悉的案例，具体分享选对骨干人才的评估标准和方法。《亮剑》这部电

视连续剧脍炙人口，里面有一个人物叫魏大勇。魏大勇在少林寺当过十年和尚，练得一身好武艺，性格勇猛刚强。因屡次在寺外大打出手而违犯寺规，被主持撵出山门。实属无奈加入国民党中央军七十二师，忻口会战负伤被日军俘虏。在战俘营里面，日军特种兵利用中国俘虏进行训练，在少林寺练过功夫的魏大勇果断请战，出手不凡，趁机徒手干掉鬼子军官，并夺枪越狱逃离。

上级组织派赵刚担任独立团政委，赵刚在归团路上搭救了刚刚逃出虎口的魏大勇，并带着魏大勇一同进了独立团。李云龙对魏大勇一见钟情，求贤若渴，三番五次邀请入伍，最后魏大勇加入独立团成为李云龙的贴身警卫员。那么，李云龙邀请魏大勇入伍，并让他担任贴身警卫，这么做对吗？

衡量选将任帅对还是不对，首先看结果，看这个人给组织创造了什么绩效，带来什么价值，用结果说话。如果从结果来看，魏大勇身怀绝技，经历大小战斗无数，杀死日寇数不胜数，是独立团里一把最为锋利的钢刀。不论战事如何危急，一身少林绝技总能化险为夷，骁勇善战总是把敌人打得落花流水，让观众看得畅快淋漓，给独立团带来的贡献不可估量。因此，从结果来说毫无疑问是对的。

如果只是从结果去看，那是事后诸葛亮，无法作为决策的依据。所以，我们更要懂得慧眼识英雄的技巧，更要掌握识别千里马的方法和评估标准。下面我们结合胜任素质的“洋葱”模型谈谈这些问题。

如果参考胜任素质的“洋葱”模型，动机、特质、自我概念、价值观、知识与技能，首先我们应该看哪一方面？当然，排在第一位的是洋葱最里面的动机，然后依次是人格特质、价值观、自我概念、知识与技能，我们要按照这样的顺序逐项评估。

1. 动机

什么是动机？关于动机的解释众说纷纭，不尽一致。比较有代表性的是本能动机理论、本能与学习相结合的动机理论、精神分析学说的动机理论、驱力学说的动机理论、本能发展的动机理论，以及认知论动机理论等。他们的解释不尽相同，让人费解。因此，本书经过对比分析，采用在管理学上应用比较广泛的马斯洛需求动机理论。

根据马斯洛的动机理论，动机是促使个体发生行为改变的内在力量。动机产生主要有两个原因：一是需要（Need），二是刺激（Stimulation）。所谓需要即个体缺乏某种东西的状态，缺乏是一种心理状态，所缺乏的可能是个体内在维持生理平衡的物质要素，如水、食物、空气等，也可能是外界社会环境中的心理因素，如社会赞许、相爱等。所以，马斯洛把人类的需要分为两大类。一类是与人的本能相关，缺少它会引起疾病，有它免于疾病。因此，丧失它的人宁愿去寻求它，而不是寻找其他满足，它包括生理需要、安全需要、相属与相爱的需要、受人尊重的需要等方面。另一类是成长性需求，它不受直接欲望的本能所支配，而是以发挥自我潜能为驱动力。这类需求的满足会使人们产生最大的快乐，它包括求知需要、审美需要和自我实现的需要。最后，马斯洛把这两类需求根据对人直接生存意义和生活生存意义的大小由低到高分层次排了一个序，就构成了马斯洛的需求层次

理论。

这是专业管理书籍关于动机的解释，意味深长，深不可测。如果通俗地说，动机就是企图心，直接生存需要的企图心和成长性需要的企图心。企图心越强，上进心也就越强，而且，如果个体的企图心和上进心与组织目标一致时，预示将来会给组织带来巨大的贡献，这叫趋同效用。所以，我们在选将任帅的时候，首先需要考虑趋同效用。如果从趋同效用来说，不管是直接生存的需要，还是成长性的需要，魏大勇打鬼子的企图心特别强。特别是成长性需要的企图心，他骨子里就特别痛恨鬼子，恨到骨子里去了，做梦都想杀鬼子。动机的方向是一致的，符合趋同效用。

2. 人格特质

人格特质是一门非常专业的学科，起源于20世纪40年代的美国，主要代表人物是美国心理学家高尔顿·威拉德·奥尔波特和雷蒙德·卡特尔，他们各自有着不同的定义。目前，普遍认为人格特质是指一种在多种环境中表现出相对持久的、一致而稳定的思想、情感和动作的特点。

显然，不同的人有着不一样的人格特质，有些人严谨，有人漫不经心；有人乐观，有人悲天悯人；有人乐于助人，有人落井下石。总之，人不一样，人格特质也会不一样。同时，不一样职业有着不同的人格特质要求。诸如教师要求为人师表、循循善诱、诲人不倦；医生需要关爱生命、淡泊名利、严谨求实。那么军人呢？军人必须具有勇敢、正直、坚定、大勇大智的人格特质。魏大勇有没有这样的人格特质呢？当然有！魏大勇勇猛刚强，胆识过人，聪明机警，知恩图报。从特质上来说，魏大勇是非常难得的军事干才，吻合排头兵的人格素质要求。

3. 价值观

所谓价值观，它是团队中被广泛接受的思维方式、道德观念和行为准则。团队因价值观的“同”而聚在一起，最后也因价值观的“异”而各奔东西。但是，人上一百，形形色色，大家来自五湖四海，价值观不一样，对人、对社会、对事物的认知与判断不一样，这很正常。所以，价值观的重点在于统一思想，提高认识，重点在于把大家的价值观统一起来。

魏大勇的价值观对于独立团来说，有相同的部分，也有不同的地方。魏大勇不容许李云龙侮辱他的救命恩人赵长官，知恩图报，这也是独立团的价值观。魏大勇藐视小日本，不就 4 个鬼子吗？这个价值观与李云龙喊出：“狼走千里吃肉，狗走千里吃屎”的口号有异曲同工之妙。但是，魏大勇对八路军有些负面看法，八路军太土，装备太差，中央军才是正规军，这个问题分歧太大。不过，最后基于对李云龙的崇拜而改变原有的想法，而且因为加入独立团感到无限的光荣和无比的自豪。所以，最后由于他们的价值观“合”了，自然走到了一起，成了志同道合的亲密战友。

4. 自我概念

不久前笔者看到了一条微信，微信上说电视剧乔家大院的孙茂才，由穷酸到落魄成乞丐投奔乔家，为乔家的生意立下汗马功劳，享有一定的地位。后来因为私欲被赶出乔家，孙茂才又想投奔竞争对手的钱

家。钱家说了一句让大家醍醐灌顶的话：不是你成就了乔家的生意，而是乔家的生意成就了你！

最终孙茂才再次陷入落魄，悟道："没有别人提供平台，哪有我的今天？"

显然，孙茂才最终的落魄是自我概念出现了问题，自我膨胀总想到自己的付出而无视了东家给予的舞台，缺乏忠诚，没有感恩的心，不懂知遇之恩，没有共赢的格局。

那么，什么是自我概念呢？自我概念源自多种学科，各自有着不同的含义。精辟的解释是这样的，所谓自我概念，是指人们对自身的认知、定位、体验与觉醒。在自我概念当中，我们可以有梦想、有追求，可以不怕鬼不怕神，但我们要有敬畏之心。对正义的敬畏、对组织的敬畏、对天地良知的敬畏。就魏大勇而言，蔑视小鬼子，在战争中天不怕地不怕，但他对李云龙有一颗敬畏之心，对政委的救命之恩有一颗敬畏之心，对正义有一颗敬畏之心，所以自我概念没有问题。

5. 知识与技能

知识与技能虽然无法预测长期的高绩效，但不可或缺。我们纵观古今中外知名企业，无不具有匠人精神。所谓匠人精神，它是以深厚的专业知识背景与精准的手艺为前提的。尤其作为军人，过硬的军事技能尤为重要。那么，魏大勇呢？在少林寺当过十年和尚，练得一身好武艺，曾经是国民党中央军七十二师的士兵。而且还在日本战俘营里徒手干掉两个鬼子，最后还能体面地逃出来，实在太厉害了。所以，魏大勇的专业知识与技能非常过硬。

从识别人才的方法来说，尽管李云龙没有学过胜任素质模型，但他挑选精兵良将特别符合胜任素质"洋葱"模型的要求。所以，李云龙招揽魏大勇无疑是对的，是非常成功的。

接下来我们思考一个问题：如果让魏大勇管后勤、做财务行不行呢？显然不行。姑且不说魏大勇是否具有合格专业知识和技能，就人格特质而言，它需要精打细算，谨小慎微，显然魏大勇不具备这样的素质，无法胜任。这里需要强调的是，不是魏大勇这个人不行，而是不应该把他放到管后勤做财务这个岗位上。正如富兰克林所说，宝贝放错地方，结果变成垃圾。

三、 案例分享

北京有一家非常知名的快递公司，他们早年招聘司机时发现，很多外地司机由于不熟悉北京市的路况遇到很多麻烦。什么麻烦呢？找不到路，结果送货不准点，车辆的油耗虚高，工作效率大打折扣等。遇到这个问题该怎么办呢？后来人力资源部决定，全部招聘北京本地司机，因为本地司机熟悉路况，甚至哪一条街哪一条巷都很清楚。所以，送货准点率、车辆的油耗、工作效率都能改善。但最终的结果很糟糕，北京本地司机习惯朝九晚五准时上下班，甚至三天打鱼两天晒网，动不动就把公司告上法庭。为什么呢？因为他们是北京人，家里不差钱，所以工作的企图心不够，没有敬畏之心，在自我认知里面有着无限的优越感。

因此，我们不能忽视员工的专业背景与技能，但不

能把它当作唯一的用人条件，而是需要借鉴胜任素质的“洋葱”模型，由内而外从成就动机、人格特质、价值观、自我概念、技能与知识逐项鉴定。最好是参照胜任素质的洋葱模型，为每个岗位建立各项标准，然后层层把关。

在这里我们来看 B 企业的做法。由于考虑不同职类序列和不同岗位胜任素质要求不一样。所以，他们结合职类序列，每个岗位参考胜任素质“洋葱”模型提炼出相应素质要求。然后根据胜任素质要求去识别、去鉴定招聘对象，看是否符合这个岗位的胜任要求。如果符合，我们就录用，如果不符合，宁缺毋滥。

那么，怎么去提炼每个岗位的胜任素质要求呢？当然，这里面的工作量是非常大的，我们遵循 80/20 的原则，先做重要岗位，先做分公司总经理的，然后逐步推行到其他岗位。下面我们看看 B 企业分公司总经理岗位胜任素质的部分描述。

第一部分：成就动机

成就动机的指标项目及行为标准，如表 3－1 所示。

表 3－1　　成就动机的指标项目及行为标准

指标项目	行为描述
坚持企业选择的市场方向，愿意为此全力以赴	◆高度认可目标市场，在困难面前不轻言放弃，不轻易动摇； ◆积极探索细分市场发展趋势，时刻关注产业政策的变化； ◆为企业发展献计献策，敢于谏言； ◆积极整合外部资源，不断完善企业平台； ◆拥有高度的热忱，积极对外传播与推广企业优势和业务项目
认同企业经营模式	◆热爱企业平台，自觉维护集团利益； ◆像老板一样去开拓市场挖掘客户； ◆像老板一样关注和管控各种费用、成本； ◆拥护集团各项政策和措施，虚心接受集团辅导，认真执行集团决定； ◆积极参与集团各项活动，每项活动力争上游

续 表

指标项目	行为描述
关注客户痛点和需求，为客户奉献最有价值的服务	◆关心、尊重客户，视客户难题为机遇； ◆主动服务，主动解决客户难题； ◆客户第一，以超越客户期待为标准完善自我； ◆内部相互服务，积极主动，全力以赴
敢于接受挑战，勇于承担责任	◆有责任心 *对自己、客户、家庭、公司、社会承担责任； *对工作精益求精，尽职尽责，知难而上； *注重效率，一次做对，不拖拉工作； *做好细小环节，做好细小事情； *善于发现问题，积极动脑，做问题的解决者； *面对错误勇于担当，不推卸责任。 ◆有进取心 *追求个人进步，主动挑战高目标，并努力实现； *不断提升工作技能，不断自我完善知识体系； *有创新精神，勇于尝试新方法，不安于现状，不闭门造车。 ◆有事业心 *有理想，有追求； *以工作为己任，实现自我价值； *个人长远发展融入企业愿景之中

对于成就动机来说，企业要找到市场方向，并且在此基础上培育企业核心竞争优势，然后通过经营绩效的持续增长，给员工合理的报酬，并提供良好的发展机会，增强企业平台的吸引力。然后找到一群认同企业方向、认准企业平台、愿意在这个平台上大显身手的精英团队。所以，作为企业来说，我们需要不断优化平台，建立规范的人力资源管理系统才能永葆企业活力，才能满足精英们对美好生活的向往与孜孜不倦的追求。当企业有了这个基础之后，我们可以像华

为一样，引进一批“胸怀大志，却又一贫如洗”的优秀人才，他们不安现状、不畏艰难困苦、能征善战。企业借助这样一批有着强烈成就动机的战斗队列，淘汰那些不思进取、贪图安逸、自甘平庸的员工，确保企业狼性十足。鉴于篇幅的关系，我们不妨省略第二、第三、第四部分，直接看第五部分，专业能力模型。

第五部分：专业能力模型

专业能力指标项目的要点和要求如表3－2所示。

表3－2　　专业能力指标项目的要点和要求

专业知识	
知识指标	知识要点和要求
营运	◆掌握企业为客户创造价值的主流程及其管控要点： ➢掌握冷链运输过程中取、派、提、送的流程，以及每个节点上的作业标准； ➢掌握冷链运输产品中转流程，及地区中转路由。 ◆掌握质量管理的目标与管控措施： ➢营运质量：操作类、安全类； ➢服务质量：服务类、时效类。 ◆掌握异常类报备流程和方法
客户	◆了解本区范围内有竞争力的医药冷链企业的产品特点； ◆掌握市场营销的基本原理、技巧和方法； ◆了解集团客户管理制度、客户开发的原则和方法； ◆理解重点客户关系管理的基本概念和方法； ◆掌握集团关于客户分类的管理办法
人力资源管理	◆了解中华人民共和国《劳动合同法》的内容； ◆了解人力资源管理的基础知识，包括员工招聘、培训与辅导、绩效考核、薪酬管理、多种用工模式和人均劳效等知识； ◆理解企业亲情策略、事业合伙人策略以及职业化策略的适用范围与具体措施

续 表

<table>
<tr><th colspan="3">专业知识</th></tr>
<tr><th colspan="2">知识指标</th><th>知识要点和要求</th></tr>
<tr><td colspan="2">财务管理</td><td>◆了解涉及分公司财务管理的相关制度，如收款制度、发票管理制度、资金安全监管制度等；
◆了解分公司经营会计报表的各个科目及数据来源</td></tr>
<tr><td colspan="2">行政管理</td><td>◆了解中华人民共和国药品监督管理局发布的GSP认证；
◆了解分公司办公设备的配置标准和管理制度；
◆了解分公司操作设备的配置标准和管理制度</td></tr>
<tr><th colspan="3">专业技能</th></tr>
<tr><th colspan="2">技能指标</th><th>技能要点和要求</th></tr>
<tr><td rowspan="4">营运</td><td>区域规划</td><td>◆掌握分公司所示区域市场的特性、客户群体的诉求；
◆掌握运筹学的基本原理和分公司服务区域的划分方法，为分公司递送员有效划分服务区域，并在此基础上排出班次</td></tr>
<tr><td>场地设备</td><td>◆了解作业场地规划和管理的基本方法，掌握公司设备配置标准，在此基础上对分公司的运营场地进行有效规划和管理；
◆有效监督营运设备的正常使用</td></tr>
<tr><td>信息化系统</td><td>◆能够熟练使用TMS系统；
◆能够熟练使用CRM客户关系管理系统；
◆能够熟练使用OA系统</td></tr>
<tr><td>质量管理</td><td>◆熟练掌握各类异常事故的界定原则；
◆熟练掌握各类异常事故的预防方法和管控措施，能够有效地进行危机管理；
◆熟练掌握药品出港的相关制度，并能想出具体解决办法；
◆掌握监督和检查分公司质量的方法，不断改善分公司营运质量</td></tr>
</table>

续 表

专业技能		
技能指标		技能要点和要求
客户	产品	◆掌握集团产品特性、价格、最新服务品种和增值服务的内容； ◆对分公司员工进行产品特性、价格、最新服务品种和增值服务等知识的辅导
	市场营销	◆根据集团营销政策和策略，准确分析分公司市场情况，管理分公司重点客户； ◆理解产品的推广方式与策略，辅导分公司员工对区域客户进行产品宣传与推广
	客户服务	◆理解集团关于客户服务的立场和理念，监督、指导分公司提升客户服务水平； ◆掌握客户理赔的制度和方法，能够处理突发的理赔和投诉事宜； ◆能够及时满足客户提出的合理性服务需求
人力资源管理	◆掌握人才规划的原则和方法，以年、季度等为单位对分公司人才需求做出规划； ◆掌握基本的培训方法，培养和激励基层员工； ◆了解 E－Learning 网上学习系统的使用方法； ◆掌握员工绩效管理的制度和方法，有效分解分公司绩效指标，跟踪、检查指标达成，并对递送员进行业绩指导，保证分公司绩效指标的达成； ◆掌握员工关系处理的方法和原则，处理好分公司的员工关系，包括员工投诉、重要意见反馈等	
财务管理	◆能够进行可控成本分析，如人员、物料、车辆、场地、分供与承运费用等； ◆掌握集团不同的收款方式，及时收回账款	
行政管理	◆掌握自然灾害的基本防范常识，保障分公司的货物安全、资金安全、人员安全和场地安全等； ◆有效处理交通事故，及因温度超标等突发事件，并落实集团相应的预防及应急机制	

构建岗位专业能力模型有一个前提，那就是企业的运作模式相对比较成熟，每一项工作怎么做都有清晰的描述，而且对每个岗位的工作都有非常清晰的标准。显然，如果这些基础不够夯实，先要从夯实管理基础开始。当然，这里我们只是大致说了其中一个岗位的胜任素质描述，任何一个企业都会有很多的岗位，我们根据轻重缓急，逐步把每一个岗位的胜任条件描绘出来。

毫无疑问，构建各个岗位的胜任素质模型需要投入大量的人力和财力。即便如此，当企业有了一定的规模以后，企业家也需要去投入，因为这是一个很有意义的投资。对员工来说，有了它可以获得快速成长。因为胜任素质模型为员工的发展指明方向，岗位素质要求摆在这里，员工只要结合胜任素质的要求努力去提高自己，而且企业还有人才培养体系在帮助你获得成长。对于企业来说，各个岗位有了这样一个完整的描述以后，去识别和鉴定人才有了清晰的依据，在源头上可以提高人才队伍的纯洁性。

B 企业审计总监的儿子在大学学的是金融专业，毕业之后进入了 B 企业。企业没有对口的工作岗位，他也不知道自己适合在什么岗位上发展，结果每一个基础岗位都干了几个月，最后还是离开了公司。为什么会出现这样的情况呢？没有岗位胜任要求的描述，没有鉴定用人的标准，人力资源部门也不知道怎么去识别，员工也不知道自己适不适合，结

果企业就成了一块实验田，一而再再而三地重复浪费。如果有一套岗位胜任标准就不一样了，按照标准选拔就靠谱了。

更重要的是，如果企业没有人才选拔的标准，招揽人才靠关系，提升干部靠关系，结果造成内部拉帮结派山头林立。如果有了这样的标准，而且按照标准公开选拔，一切都在阳光下操作，企业的正气自然起来了，队伍也就纯洁了，企业就能大步地往前发展。因此，依据岗位要求建立胜任素质标准，依照标准公开选拔，这是企业选将任帅需要做的基础工作，我们要重视它。

第二节 提高人才培养的有效性

马克·吐温曾经说："没有什么是训练所做不到的，也没有什么是训练所不能达成的，训练能化野性为驯良，使粗野变柔和，把凡人提升为天使。"有些企业家明白其中的道理，每年都会按照营业收入的百分之多少投入到人才训练当中去。但是，也有不少企业恰恰相反，完全没有概念。因此，本节重点探讨四个问题，第一，培训到底有什么样的效果？第二，如何建立保驾护航的运作系统？第三，怎样找到培训内容？第四，如何获得管理系统的支持？

一、培训到底有什么样的效果

关于这个问题，我们从战略与战术两个层面来探讨。

1. 战略层面上的效果

杰克·韦尔奇是世界上公认最伟大的CEO之一，那么，他是怎样看待这个问题的呢？

1981年愚人节，杰克·韦尔奇正式担任GE（通用电气）公司的CEO。在此之前的一个礼拜，董事会告诉他这个决定，请他开始物色人选。杰克·韦尔奇第一个考虑的人选是谁？通常，很多人会考虑谁来做营销副总裁，谁来做首席财务官，或者最大的那一块业务、公司核心业务模块的董事长、总经理。可是杰克·韦尔奇有一个答案，他说我们对人才的关注超过任何一个特定的业务，如果没有克劳顿维尔，我不知道怎么办。所以，杰克·韦尔奇考虑的第一个人选就是谁做GE大学的校长，第一个人选就是谁来当克劳顿维尔大学的校长。

杰克·韦尔奇正式担任GE的CEO时，GE市值120亿美元，财务枯竭。杰克·韦尔奇经营GE 20年，公司市值达到3990亿美元，公司股值大幅攀升，总共上涨了3325%，给投资者的平均回报率是每年25%。杰克·韦尔奇再造了GE，成为世界上最令人尊敬的商业领袖。那么，杰克·韦尔奇是怎样做到的

呢，通用电气长期保持领先地位的秘诀是什么呢？

杰克·韦尔奇说："如果 GE 只有一个特色，那就是对人才的关注和培养，我们对人才的关注和培养超过了任何一个特定的业务。"杰克·韦尔奇上台的时候，GE 大学已经运行了将近 30 年。但杰克·韦尔奇的判断是什么？他认为 GE 大学已经老了，充满了形式主义，仅仅是干部晋升的镀金机构。他说："我希望把进行改革的道理宣传给尽可能多的人，GE 大学就是这样的一个地方，它是唤醒公司力量的精神纽带，我需要 GE 大学成为改革的重要组成部分。在改革过程中，如果没有 GE 大学，我们就没有一个新思想的传播者。"这就是杰克·韦尔奇对 GE 大学的一个定位。

杰克·韦尔奇经常都要到 GE 大学授课。在 GE 大学，杰克·韦尔奇自身收获很大，包括他的灵感，对无边界组织的认知，以及领导人卓越领导力的感悟，等等。所以，杰克·韦尔奇评价自己时说："在我的职业生涯中，最愉快的时光就是在 GE 大学度过的。"杰克·韦尔奇认为："GE 的变革，最关键的就是人才培养，最关键的就是 GE 大学！"这是他的判断。

事隔 30 多年，我们再回过头去看看杰克·韦尔奇当时的判断，那是非常正确的。他认为 GE 就像一个人的身体，其中有特别大的部分，就像人的胳膊或者大腿。这些地方虽然大，但它不会影响其他地方。但是 GE 大学，它是 GE 的心脏。要变革的就是心脏，只有把心脏变革起来，把心脏推动起来，然后借着心脏的力量，把新鲜的血液、最新的管理理念和思想传播到全身各个部分。这就是杰克·韦尔奇当时对 GE 大学清晰的认知。杰克·韦尔奇退休以后写了一本书，书名叫《赢》。在《赢》这部书当中，杰克·韦尔奇总结在 GE 担任 CEO 的整个贡献，他说："作为 GE 的 CEO，在 20

年当中我设计了各种各样的业务、战略、新产品、销售、企业并购等。就拿企业并购来说，在这20年当中进行了937次成功的并购，平均每个礼拜都有一个并购，大部分人会记得着一些。”但是，杰克·韦尔奇说：“在GE担任CEO 20年的职业生涯当中，自己对GE最大的贡献就是关注员工成长，关心企业的人才培养，正因为这样才使GE一直有非常好的财务表现。”

培训，到底有什么样的效果？杰克·韦尔奇给了我们一个非常精辟的解答。杰克·韦尔奇说：“如果没有培训，如果没有人才培养，我就不知道怎么办。”杰克·韦尔奇从战略层面上很好地回答了这个问题，但是，如果从战术层面上来说呢？

2. 战术层面上的效果

美国一家研究机构公布了一组关于课程培训投资回报率的数据。如表3-3所示。

表3-3　关于课程培训投资回报率的数据

行　业	培训项目	投资回报率
制瓶公司	《管理者角色研讨班》	15:1
大型商业银行	《销售培训》	21:1
电力和煤炭公共部门	《行为规范培训》	5:1
石油公司	《顾客服务培训》	4.8:1
保健机构	《团队培训》	13.7:1

资料来源：[美] 雷蒙德·A. 诺伊著《雇员培训与开发》。

我们看看第一个，某制瓶公司开办一个关于《管

理者角色研讨班》的课程，它的培训投资回报率是15∶1，也就是说投资1元钱，就会有15元钱的回报。比如我们搞一个专门做《品质提升》的课程，这个课程毫无疑问要花钱，请老师要花钱，员工上课工资照样支付，还有各种其他费用，这是公司的投入。这堂课会带来什么效果呢？如果企业在未来一年当中产品合格率提高了3个百分点，这意味着成交提高3个百分点。那假如公司一年的销售收入是一个亿，3个百分点就是300万元，毛利润大概60多万元。那么这边培训投入几万元，那边回报60多万元。60多万元除以几万元，这么一除投资回报率就算出来了。当然，这并不代表所有的课程都能够清晰地算出来。总之一句话，专业机构有一些研究，我们相信它就好了。

我们再看看某大型商业银行，这家银行一个《销售培训》课程是21倍的回报；某电力和煤炭公司的公共部门，它们《行为规范培训》课程产生5倍的回报；某石油公司一个《顾客服务培训》课程有4.8倍的回报；某保健机构《团队培训》课程产生13.7倍的回报。

以上资料来源雷蒙德·A. 诺伊所著的《雇员培训与开发》一书，这个数据仅供大家参考。因为人才培养的投资回报率会跟产业特性、企业环境、员工素质等因素息息相关。但是，人才培养能够带来惊喜的回报毋庸置疑，我们可以通过投资回报去衡量它，这一点我们要去相信它。

企业投资培训会不会没有任何回报，甚至适得其反呢？这种情况当然有。我曾经遇到一个企业家，有一次他专门来找到我，还很客气地请我吃午饭。在饭桌上，他说了最近一个令人伤心的事情，然后一边讲一边掉眼泪。

这家企业是做欧曼、解放、东风、沃尔沃等重型卡车区域维修连锁的，客人什么时候来修车并不固定。如果半夜三更有撞车的，或者行车路上出了问题就会呼叫，员工必须立即响应。所以员工每天24小时两班倒，每一班次的时间都比较长，都很辛苦。另外修车本是一件非常辛苦的差使，穿着一件干净的衣服趴到车底下没几个小时就脏得不像样。而且，还有不少客户刁蛮不讲理，故意找维修人员的毛病。虽然员工做得很辛苦，但是老板有想法，希望员工更勤奋，更努力。因此老板到处去听课找方法，后来听了一个成功学大师的课程，他觉得非常好，非常震撼，于是带着骨干员工去听这个大师的课程。原本期待把员工的斗志调动起来，结果员工听完课程不到两个月，大部分人都辞职不干了。他们为什么辞职？究其原因是在课堂上受到鼓动，跃跃欲试谋划自己创业当老板。所以，这就是一个适得其反的典型案例。

综上所述，无论是战略层面还是战术层面，人才培养能够给企业带来惊喜的回报，我们可以通过投资回报去衡量它。但是，怎样才能让人才培养带来惊喜的回报呢？这是一套科学而又系统的东西，其中包括保驾护航的运作体系、精准找到匹配的培训内容以及企业管理系统的支持。

二、如何建立保驾护航的运作系统

建立科学的运作体系为培训投资保驾护航，它涉及诊断培训需求、基于落地的培训项目开发、培训组织与实施，以及培训效果转化四大环节。

1. 诊断培训需求

我们经常会混淆一个概念，把培训要求当成潜在的需求。那么，这两者之间到底有何区别呢？在培训课堂上，笔者会故意对学员说："我要一瓶水，谁能给我呢？"

学员们会有各种各样的答案，有人直接给我一瓶水，一看还是品牌，农夫山泉有点甜。有人给我雪碧，有人给我可乐，也有人给我咖啡，还有人给我茶——上等的铁观音。结果这些东西我都没有要，却要了一盆洗过菜的水，为什么偏偏要了一盆洗菜水呢？

因为当时有人问我说："胡老师，你要一瓶水干吗？"其实，我要一瓶水是想浇花。所以有人说我这里有一盆洗过菜的水，刚刚洗过菜，养分特别丰富，含有氮、磷、太酸氰胺、二氧化氮、二氧化硫等矿物质，更助于植物的茁壮成长。所以，我就要了一盆洗过菜的水。

结合这个案例我们思考：什么是要求，什么是潜在的需求？我要一瓶水，这是要求。我的潜在需求是浇花，浇花才是我的潜在需求。

企业同样会提出许多培训要求，诸如搞一个员工心态培训、一个执行力培训，或者一个团队合作培训等，这些都是培训要求。那么，什么是培训要求呢？它是培训主办单位提出的明确课题、或者培训项目。比如员工素质太差，开展一个员工素质教育的培训；员工什么技能不行，搞一个什么技能培养等。它是浮在冰山上面的，它的代表词就是 What，如图 3 - 3 所示。

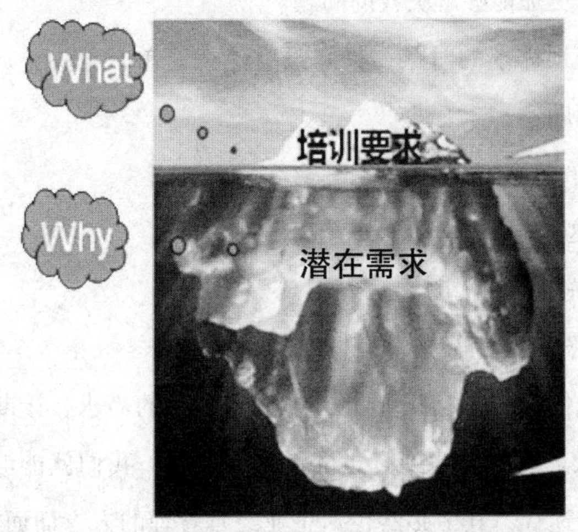

图 3 - 3　培训要求与潜在需求

什么是潜在的需求呢？它是导致培训要求产生的直接原因，潜藏在培训要求之下。这好比图 3 - 3 这座冰山，漂在水平面之上的是培训要求，要培训什么课程，代表词是 What。藏在水平面之下的是潜在的需求，而潜在需求可能是课程培训，可能是其他方面的，诸如市场选型、产品创新升级、顶层设计、机制建设、流程梳理、员工权责利关系，以及各种规章制度等。它解释了为什么需要这个培训。所以，它的代表词就是 Why。正因为有潜在需求，所以才会驱使企业提出明确的培训要求。

怎么区别培训要求与潜在需求？最有效的方法就是提问题。前面说到我要一瓶水，当有人问我为什么

要一瓶水时，我马上就会告诉你，我需要浇花，这就是我的需求。如果知道我要浇花，他们不会直接给我一瓶水了，可能会给我一盆洗菜水，因为洗菜水更加能够解决我的问题。

当然，在了解培训需求的时候，提问没有这么简单，至少要调研以下四个方面的问题：

- 目前情况怎样？
- 为什么要做这样的培训？
- 期待培训能解决什么问题？
- 还有更好的解决办法吗？

这么一提问，我们就能从培训要求当中找到潜在的需求，诊断出真正的需求是什么。而一旦找到真正的需求在哪里，我们就能够找到解决问题的最佳途径，其中必然包括企业经营管理的方方面面，犹如刚才说我要一瓶水，最有效的方法是给我一盆洗过菜的水。因此，通过有效提问诊断潜在的需求，找到问题的症结所在，我们才能找到解决问题的最佳方法。这个方法可能是培训，也可能是培训之外的办法。

有些企业家经常会邀请笔者去给他们员工讲一些课程，讲什么课程呢？有人说公司员工职业化素质不高，所以邀请笔者去给他们讲职业素养的课程。笔者就问："你说员工职业素质不行，主要是体现在哪些方面，希望通过培训达到一个什么目的呢？"好的，问题就来了。有人就说："我们公司的员工下班总是忘了关电脑，总是忘了关空调，在洗手池洗手的时候不关水龙头，水哗哗地流出来。希望通过这次培训，员工不要犯这种低级错误了。"笔者听到这里就开始启发他们，说："在贵公司，素质最高的是董事长、总裁、副总裁等这些高管，对吗？"他们说是啊。笔者继续问："您作为董事长，作为总裁，如果出差住了一个五星级的宾馆，当你要退房的时候，突然发现自己的鞋子脏了，想立马擦一擦，你会用什么去擦呢?”答案五花八门，用枕巾擦、用床单擦、用浴巾擦等。当然，这样擦肯定不合适。可是，为什么还有那么多高素质的人这样去擦呢？假如说，在自己家里，是自家的枕巾、床单和浴巾，我们会用它来擦吗？所以，关键就是因为这些东西不是自己的，跟自己没有关系。

然后，笔者继续启发他们，说：“假如我们离开自家的房间，下楼以后突然想起家里的空调、灯，或者水龙头忘了关，我们会怎么办呢?”他们异口同声地回答：“肯定回家把空调、灯，什么水龙头关好，然后再出去。”因为这是自己的东西，关系到自身的利益。所以，如果把员工下班后不主动关电脑、关空调和水龙头等，那我们把水电使用跟员工利益相挂钩，如果造成浪费，他们的利益就会受到损失。如果有这样的机制存在，还需要培训吗？

同样，如果员工的工作积极性不高，绩效不理想，我们也需要去分析和诊断，看是培训的问题，还是其他原因？因为只有诊断症结所在，我们才能对症下药。总而言之，从运作上来说，人才培养需要从诊断需求开始。

2. 基于落地的培训项目开发

诊断培训需求之后，接下来就是基于落地的培训

项目开发。为了提高人才培养的有效性，企业家需要关注培训项目开发的三个关键点。

（1）培训目的和作用

我们先要重点关注培训的目的和作用。人是感性的动物，容易受到外界的感染，甚至随波逐流，企业家也不例外。前面我们谈到那位重型卡车维修连锁企业的老板，因为在课程上受到渲染，盲目选择了一个不合适的培训项目，结果中坚力量分崩离析。所以，企业家面对任何培训项目，先要了解这个培训项目是否能够解决企业的实际问题，它的投入是什么，产出又是什么？我们一定要搞清楚企业培训的目的和作用。通常来说，企业培训有以下四个目的：

第一个，长期目的——满足企业长期持续赢利的战略目标。

第二个，短期目的——满足企业年度持续赢利的经营目标。

第三个，职位目的——满足职位胜任素质的目标。

第四个，个人目的——满足员工职业生涯发展的目标。

总而言之，不管是企业独立开办的培训项目，还是采购外部咨询机构的培训项目，我们要与企业本身的实际情况结合起来，树立投入产出的概念。因为人才培养是企业的一种经营活动，它所花费的每一分钱都是一种投资，投资是要有回报的，怎么确定它的回报呢？衡量它能否满足以上四个方面的目标，如果能满足，我们还是应该去投入的。因为这种投资的回报率是比较高的，甚至还会给你带来惊喜。

（2）培训效果评估

清晰而又具体的目标给我们指明了人才培养的方向，但是，在具体实施的过程中，最后的结果如何呢？所以，一个培训项目，不仅仅要明确它的目的和作用。更重要的是，还要确定最终的效果怎么去评估，怎么去鉴定，怎么去衡量。通常，培训效果的评估有五个维度：

第一个，培训结束的感受；

第二个，你了解或懂得了多少；

第三个，员工良好工作习惯的养成；

第四个，核心能力素质的养成；

第五个，经济效益提高。

就这五个评估维度而言，其中第四项、第五项是用来评价整个培训体系，有时也用来评价某个培训项目。第一项、第二项是用来评估培训课程，或者评估培训项目的某一个环节。第三项一般用来评估某一个培训项目。所以，以上五个评估维度我们要用对地方，还要结合培训项目的具体目标制定精细化的评估标准。因为标准越精确，越容易评估，而且更加有利于培训目标的达成。

（3）完整的培训过程设计

我们看看艾宾浩斯的记忆遗忘曲线，如图 3－4 所示。

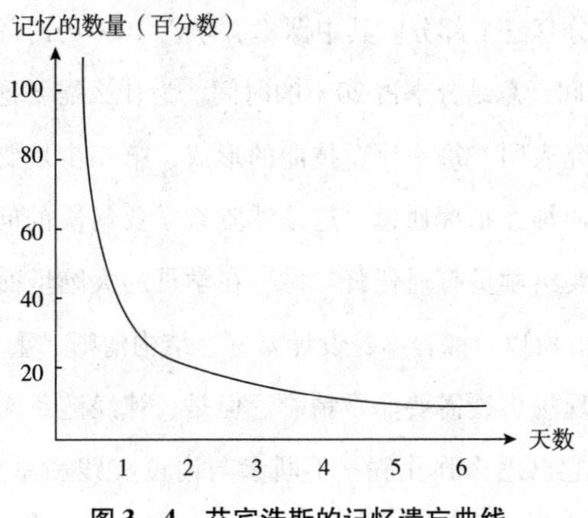

图 3－4　艾宾浩斯的记忆遗忘曲线

纵坐标表示记忆的数量，横坐标表示培训过后经历的时间，经历了 1 天、2 天、3 天等。心理学研究结果表明，人们的记忆是会遗忘的。那么，记忆的遗忘有什么规律？心理学家艾宾浩斯做了很多试验，然后得到了这样一个结论：不管学习什么内容，不管你当时学习如何认真，10 天、8 天以后，大部分的课程内容早就忘记了，最后只能记住 10% 左右。当然，这条曲线是可以提升的。怎样提升呢？艾宾浩斯的结论如下：

第一，课程本身设计要好，结构清晰，重点突出，要点明确，老师现场讲授越精彩，你的记忆保持越好。

第二，需要不断练习，需要参与大量的社会实践活动。实践越多，练习越多，记忆越深刻。通常，课程结束之后，一般要安排 70% 的时间去练习，去实践。

第三，需要总结与分享。经过不断练习，或者反复实践以后，还要安排 20% 的时间总结与分享。通过分享与总结，不断强化所学知识和技能。

根据艾宾浩斯的研究成果，一个完整的培训项目包括课堂教学、岗位实践、总结分享三个部分。其中课堂教学占 10% 的时间，岗位实践占 70% 的时间，总结分享占 20% 的时间。为什么需要这样安排呢？心理学家研究表明，每一项新技能的形成，第一步是要建立神经反应链条，打通神经指挥通道，这是课堂教学要解决的问题。在课堂上，培训师要给学员打通任督二脉，在学员的大脑里面初步形成神经反应链条。所以，课程本身设计要好，结构清晰，重点突出，要点明确，老师现场讲授需要非常精彩。但是，神经链条初步形成之后，还要强化它。怎么强化呢？不断参与岗位实践和总结分享，只有多次参与岗位实践和总结分享，神经反应链条才会变粗、变强、有力量，才能形成稳定的工作技能。诸如学开车、学游泳都是一样的道理。所以，学员在课堂上只能掌握基本的原理、知识，以及技能要点。岗位实践、岗位训练、总结与分享才是非常关键的。

因此，一个完整的培训项目需要把岗位实践、总结分享包括进来，而且还占有相当大的权重。其中岗位实践，也叫 OJT，或者叫作导师的帮带培训，它占70%；总结分享占 20% 的权重。而课堂教学，也叫OFF – JT，它只占 10% 的权重。这是一个完整培训项目应该涵盖的内容。所以，我们在审核培训项目时，结合一个完整的培训项目应该涵盖的内容，看课堂教学、岗位实践、总结分享这三个部分是否包括进来，衡量时间安排是否合理。

3. 培训组织与实施

关于培训组织与实施，很多企业家误认为是培训部的事情，或者是人力资源部的事情，跟企业家本人没有什么关系。在这里我强调一下：培训是一项全员参与的工作，高层提供政策、方向和支持，培训部提供资源、方法和制度，各级管理者积极推动，讲师有效组织培训，员工积极参与，这样才能真正有效推动培训工作，提高培训的有效性。所以，培训组织与实施自然需要主导部门统筹担当，更需要全体员工共同参与，特别需要企业家心中有学习型组织的概念，有决心、有计划地把企业从等级权力控制型带向非等级权力控制型，即学习影响型。

4. 培训效果转化

人才培养的本质是什么？本质就是把一种观念，或者把一种方法装进员工的脑袋，然后让员工按照企业设定的方式开展工作。那么，员工能否学以致用呢？不一定，这就涉及培训效果转化的问题。

(1) 培训转化理论

目前，有三种培训转化理论，如表 3-4 所示。

表 3-4　　培训转化理论

理论依据	强调重点	适用条件
同因素理论	培训环境跟工作环境完全相同	工作环境的特点：可预测且稳定。例子：设备使用培训
激励推广理论	一般原则选用多种不同工作环境	工作环境不可预测且变化，例子：人际关系技能培训
认知转化理论	有意义的材料和编码策略可以增加培训内容的存储和回忆	各种类型的培训内容和环境

第一，同因素理论，如果培训环境与工作环境完全相同，人们所学到的知识和技能可以转化。比如学习英语，在中国学了六年可能还是没法跟美国人交流。但是，如果在美国生活六个月，人们很自然跟他们交流起来。这就是环境的影响，同因素理论。不难发现，同因素理论适用的条件是工作环境可预测而且稳定，诸如设备使用培训、专业工具使用培训等，它的工作环境是特定的，是稳定的。我们都知道，OJT 基本不用花钱，但是它的培训效果是最好的。因为教学环境与工作现场的环境具有高度的一致性，培训效果容易转化。所以，企业应当大力推广 OJT，道理就在于此。

第二，激励推广理论，不同环境的培训内容都是可以转化的。

例如人际关系技能培训、谈判技巧培训等，虽然在日后不一定会遇到课堂上呈现的情景，但是，你在课堂上学习的基本原理和方法还是可以运用的，还是挺有效的。

第三，认知转化理论，有意义的材料和编码策略可以增加培训内容的存储和回忆。30多年过去了，我现在还记得初中学过的历史事件，比如“1894，甲午中日；1869，中俄尼布楚”（指1894年，中日甲午战争；1869年，中俄尼布楚条约）等。为什么呢？因为当时我们把历史事件进行了押韵的编码，读起来朗朗上口，简单容易加强记忆。所以，时隔这么多年，我们还能记得那么清楚。总之，有了以上三种培训转换理论的支持，我们可以得出一个结论，那就是各种类型的培训都是可以转化的。

（2）培训效果转化模型

所谓培训效果转化，就是把学习内容带到工作当中去推广、去运用、去实践，从而转化为一种新的工作方式和习惯，这就是培训效果转化。这里有一个培训转化模型，如图3－5所示。

培训效果转化牵涉哪些要素呢？一个就是受训者本身的动机和能力，受训者本身愿意不愿意转化。我们经常说学以致用，但是受训者愿意吗？受训者有这个转化的能力吗？如果受训者没有这个意愿该怎么办？或者受训者没有这个转化的能力怎么办？

目前，人才培养的投资回报率普遍很低，原因是

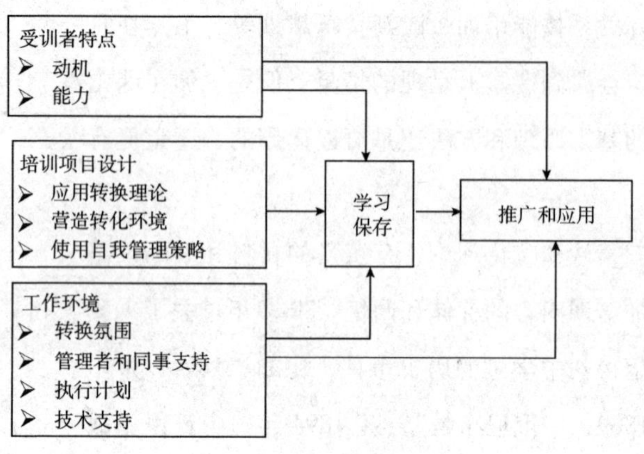

图 3－5　培训转化模型

忽视了激发学员转化的意愿，忽视学员转化的能力，甚至没有关注培训转化这个环节。我们看到很多企业只是在培训结束之后让学员去评估老师，评估老师的课程讲得好不好。如果只是让学员去评估老师，去给老师打一个分数，结果学员就会眼高手低，他们只懂得看，只懂得去评估这个老师比起那个老师好在哪里，不好在哪里。但是这样做对于增强培训效果的转化作用不大。因此，我们需要设计培训应用推广制度，设计表单，开发一些工具帮助受训学员，帮助学员提高推广实践的意愿和能力，支持学员转化。

接下来我们看第二个要素，工作环境。2014 年春节，中央电视台搞了一个家风调查。调查结果表明，家庭氛围对一个人思想意识形态，以及行为习惯的养成有着至关重要的作用。其实，培训效果转化也是同样的道理，企业环境、部门工作氛围、管理者和同事支持，公司或者部门的执行计划，技术上是否支持也是培训效果转化的重要因素。所以，为了培训效果的转化，在培训项目设计过程中，我们要积极营造培训效果转化环境，激发受训者自我管理，诸如成立培训管理委员会、企业家亲自挂帅、高管参与其中担任授课老师或者导师，形成一个积极向上的学习氛围。

（3）培训效果转化的建议

企业搞一次培训真不容易，前面要花大量的精力去筹备。如果请外部讲师，这个花费不少，找酒店培训场地又要花掉不少钱。但培训效果的体现，恰恰是课程结束以后回到工作岗位上开始的。如果前面的工作做得很好，但是忽视了后面的转化工作，学员受训回到工作岗位上没有人去管。这就好比把凉水烧到99℃，然后就没有人管了，放在那里又凉了。其实稍微再烧一下就开了，水就能喝了。可是我们常常烧到99℃就没有人管了，然后又要等下一次再烧，烧到99℃又凉了。培训以后的转化管理工作就是把水从99℃烧到100℃，开了。水在99℃不能喝，但是烧开了就能喝了。所以，培训效果转化在整个培训过程中是相当重要的，希望能够引起广大企业家朋友的足够重视。

在这里，笔者建议每次课程内训结束以后必须考试，既包括知识要点考试，也包括技能要点考试。不管职位的高低，只要你参加了培训就必须要考试，考试结果要公布。而且如果考试成绩不好，无论职务高低都要进行惩罚，这还是最基本的。如果是比较重要的课题，每次培训都要有实践应用的推广方案，方案当中涉及检查要点、详细评估标准，而且评分结果跟整个部门的荣辱息息相关。

当然，内部培训采取考试，甚至实践应用推广比

较好操作，外训就不好这样子去操作了。因为外训我们不知道知识点，怎么办？外训我们组织再培训，让人力资源部和直接主管安排受训学员把老师一天所讲的内容花两个小时跟同事去分享，这就是我们所讲的内部推广，安排两个小时左右再培训这个课程。

让受训学员回到公司再培训有什么好处呢？第一，如果学员带着再培训的任务，听课的时候就不会心不在焉，因为回到公司还要去讲授、去演绎，还要去讲这个事情。第二，借着这个机会提高受训者的专业水平。第三，降低了企业培训成本，因为企业可能要派五个人、六个人去学习，甚至需要这样一个内训课程。但是，从培训投资回报率的角度来考虑，我们不一定投资那么多钱派很多员工去，我们只派一个人出去听课，然后让他回来再把这个内容分享给组织，分享给其他员工。所以，对他个人是锻炼，对公司来说是降低成本。

最重要的作用还是转化这个环节，因为员工在课堂上掌握了一种新的观念，或者一种新的技能，回到单位后他想这样去做。但是，如果他的上司和同事都没有听过，他是火海，旁边还是冰山，员工自然没有办法了，没有办法这个培训就非常奢侈。而且，如果员工学回来的先进理念不能学以致用，这会加速他对组织的不满。因为如果没有出去开阔视野，没有见到世面，他觉得同事、老板都这样。现在老师一讲到华为的案例，一讲到苹果公司乔布斯的案例等，听完一对比，他就觉得企业有问题反而不满意。所以，很多企业不敢把员工送出去培训就是这个原因，因为送出去培训以后反而留不住，员工流失更严重。但是，如果我们安排外训员工回来以后组织再培训，他的上司和同事就会理解他、鼓励他。比如说使用新的工具和运用新的方法，需要什么就会支持他，因为大家在理念上产生共鸣，在心理上去接受，这就是转化。

在新员工培训方面，我们要求培训结束一个月之内要做什么作业，达到什么程度。三个月之内要做什么作业，达到什么程度。然后达到什么程度就会有什么样的奖励机制，这里就有一个自我管理的要求。同时，我们要求部门做支持新员工转化的工作，例如配备辅导员、组织总结与分享等。

在培训课程转化方面，我们要更加注重学员本身的问题，而不是老师。因为老师的问题我们另外去做评估，比如说一年，或者一个学期结束以后，我们组织学员给培训主办单位、培训管理者、培训老师提出什么建议等。对于学员来说，我们的重点就是每次课程结束以后对他们进行考试，然后提出他们下一步的提升计划、引导他们去做规划、引导他们思考需要什么支持、再反馈给他的主管、反馈给人力资源部。

总而言之，人才培养是一种投资，是一种高回报的投资。怎样提高它的投资回报率呢？这就要建立保驾护航的运作体系，它涉及诊断培训需求、基于落地的培训项目开发、培训组织与实施、培训效果转化四个环节，每一个环节都很重要，缺一不可。

三、 怎样找到培训内容

巧妇难为无米之炊，如果没有内容，人才培养寸步难行。那么，到底需要哪些培训内容呢？

1. 基于岗位任务寻找培训内容

一般来说，根据战略发展，或者年度经营目标，企业都会设计相应的组织架构，在组织架构的基础上形成岗位体系。每个岗位负责若干相关的工作，这样就把企业的工作任务层层分解落实。

通常，岗位体系需要从两个维度来看，如图 3－6 所示。一个维度就是按照层级，基层、中层、高层；另一个维度就是按照专业系列，管理系列、技术系列、市场系列、事务系列、工人系列等。

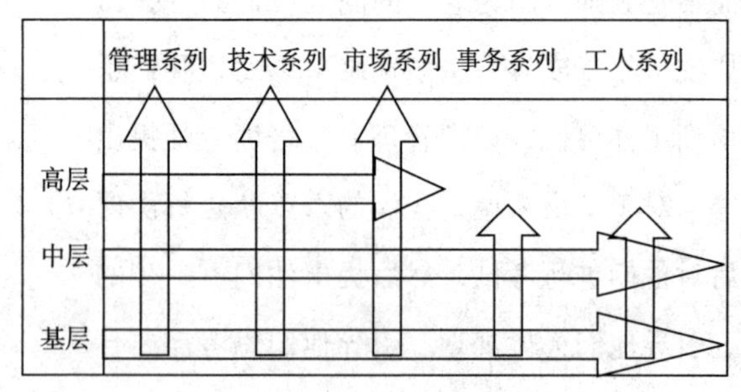

图 3－6　岗位体系的两个维度

结合两纬度来看有什么好处呢？因为不同层级，基层、中层、高层，它的胜任素质及培训内容不一样。不同职务系列，管理、技术、市场等，它们的胜任素质与培训内容也不一样。因此，我们结合这两个维度思考岗位胜任素质与培训内容。

在一个具体的工作岗位上，到底需要哪些培训内容呢？我们可以紧紧围绕专业技能、管理诉求、心理素质，以及职业素养四个方面去挖掘，如图 3－7 所示。

第一，完成岗位工作任务所需要的专业知识与技能。它包括专业知识、专业技术与技能。除此之外，还有专业工具与通用工具的

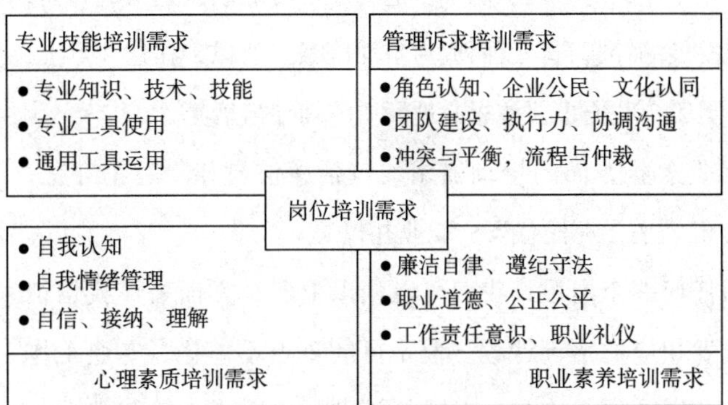

图 3-7 岗位培训需求

使用。比如说财务会计岗位，如何做账、如何做财务会计报表这是专业技能。使用金蝶，或者用友财务软件，这是专业工具的使用。用 Excel 做数据统计与各类图表，这是通用工具类的使用。这些都是会计岗位所需要的专业技能培训内容。

第二，企业是一个团队，其中必然存在管理与被管理，领导与被领导的关系。所以，在每一个岗位上还存在管理方面的培训内容。具体来说有角色认知、企业公民、团队建设、执行力、协调沟通等这样的课程。另外，企业要通过冲突发现问题，找到短板，同时也要凝聚人心，平衡各个方面的关系，这需要有关于冲突与平衡方面的培训课程。

第三，心理素质方面的培训，包括自我认知、自我情绪管理、自信、接纳、理解等方面。因为员工只有具备健康的情感状态，拥有积极乐观的态度，他的知识和才华才能成为组织的贡献，才能成为别人的帮助。

如果一个员工在不健康的心理状态下，他的才华可能成为别人的障碍，可能成为组织发展的绊脚石，反而成为负面因素。所以，在这一点上，哪怕是基层的员工，我们也要注意心理素质的辅导与培养。

第四，职业素养方面的培训需求，包括廉洁自律、遵纪守法；职业道德、公正公平；责任意识、职业礼仪等。

企业里面任何一个岗位，我们可以从以上四个方面去寻找培训内容，然后开发相应的培训课程。但是可能重点不一样，专业工作者，技术工作者以及研发人员，专业培训课程是重点，可能占百分之六七十的比重。管理者呢？管理方面的培训课程是重点。一般职位的员工，技能课程是重点。所以我们可以从这几个维度去找到岗位培训内容。

2. 根据绩效结果寻找培训内容

怎样根据绩效考评的结果找到培训内容呢？我们先从绩效检讨开始，绩效检讨大概是这样一个流程，如图 3－8 所示。

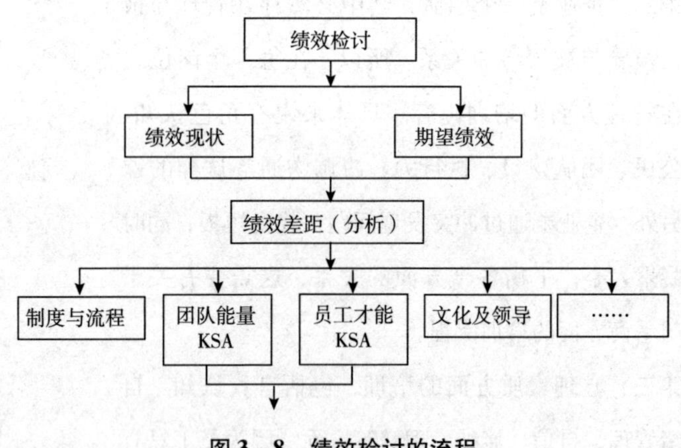

图 3－8　绩效检讨的流程

一个是绩效现状，另一个是绩效期望，我们识别出来。然后，看看它们之间有哪些差距，其中的差距是什么原因造成的？可能是制度与流程的问题，可能是文化与领导的问题，可能是知识、技能，或者态度的问题，也有可能是其他方面的问题，我们去分析、去识别、去确认培训课程开发。

我们结合绩效检讨的流程，设计了一个分析绩效差距的表格，称为“绩效差距分析量表”，如表3－5所示。

表3－5　　绩效差距分析量表

绩效现状	期望绩效	绩效差距	产生差距的原因

第一列是绩效现状，第二列是期望绩效，第三列，有什么差距把它识别出来。在做绩效表格的时候，在第三列写出绩效高于目标的是哪些方面，还要在第四列写出原因，这是第一个。第二个，绩效低于标准的有哪些方面，还要写出事由，一个月低了，两个月低了，为什么，写出原因。然后我们分析绩效不佳的问题在哪里，是知识、技能还是态度方面的问题。在这里把它列出来，然后开发对应的课程解决这些问题。这就是根据绩效差距寻找培训课程。

接下来具体探讨在绩效考核实施过程中，我们如何找到需要培训的课程。通常，绩效管理涵盖确定绩效目标、绩效辅导、绩效评估和绩效反馈四个环节。

A企业的绩效管理有这样的要求，他们在每一次月度，或者季度做完员工绩效评估之后，直线上级都会跟员工进行沟通，进行面谈。沟通内容就是绩效实现到什么程度，哪些没有实现，为什么？制订改进计划和措施，沟通下一阶段的目标和计划，这是直属上级会跟员工沟通的内容。

然后和上级的上级，即跨级上司每季度要沟通一次，和跨级上司沟通的问题主要集中在以下四个方面：

第一，回顾员工的业绩与能力；

第二，讨论下一阶段的主要工作目标和业绩指标；

第三，员工现在的素质和能力在哪里？确认还需哪些能力与素质来跟未来的目标进行匹配？

第四，启发员工正确看待自己。为了达到下一步的目标，启发员工需要什么支持？需要上什么课？需要提升什么知识、技能，以及我们怎么获得这些培训课程？

因此，绩效沟通的结果将成为员工下一步的培训计划、发展计划和职业生涯计划。

彼得·德鲁克说管理最重要的任务就是使员工的工作更有成效，使员工更有成就感。那管理者最重要的任务是什么呢？就是通过沟通来识别员工需要哪些能力和知识，需要做哪些培训提高员工的绩效，以此提高员工的成就感。所以，身为企业管理者，我们要识别员工需要哪些培训，帮助员工找到培训内容。

3. 根据职业生涯规划寻找培训内容

对于一个企业的课程体系来说，只有一个岗位上的培训内容是远远不够的。还要根据员工从进入企业开始，一直走到最高位置经历的各个岗位，我们要找到各个岗位所需要培训的内容，这就是根据员工职业生涯规划寻找培训内容。

如何设计员工职业生涯规划呢？我们可以参考美国麻省理工学院（MIT）教授、著名职业生涯管理学家E. H. 施恩（E. H. Schein）教授于1971年提出的圆锥形三维职业通道模型（见图3-9），这个模型建立了员工在企业发展的三条职业发展途径。

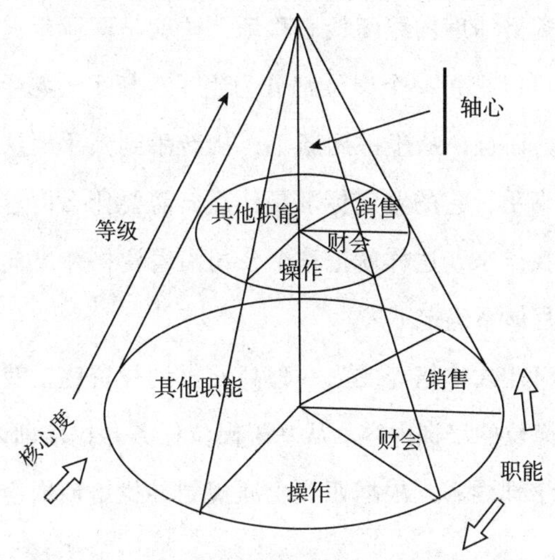

图3-9 施恩圆锥形三维职业通道模型

第一条：组织等级，比如初级、中级、高级方向上的垂直上升，这是职业发展的纵向通道。根据纵向通道，我们找到各个岗位，然后确定这个岗位上的培训内容。比如，C企业的课程体系就是这样找出来的，有基层员工、基层经营管理者（含营业站经理）、中层管理者（含分公司总经理），以及高层需要的培训课程。当然，在每个岗位上，我们都是从专业技能、管理诉求、心理素质，以及职业素养四个方面去

挖掘，这样就形成了在组织等级方向上体现员工成长的课程体系。

第二条：在组织机构同一层级不同岗位之间的轮换，这是职业生涯发展的横向通道。我们可以搞岗位轮换，采取 OJT 的方式进行。如果你要向上发展，首先横向在不同岗位之间轮换培养。这有什么好处呢？如果你上升到了更高的职位，你会对下属的工作有一个全面的体验和认知，不会顾此失彼，更有全局观。

第三条：沿着资格纬度向组织核心移动，这就是职业生涯的水平向心通道。我们可以把每一个岗位都分为生手、新手、熟手、老手、高手五个档次。而且，从生手到新手，从新手到熟手，从熟手到老手，从老手到高手，它的鉴定标准是什么，需要什么内容的培训，我们逐项把它找出来，这样就把整个公司沿着资格纬度向组织核心移动的水平课程体系确定下来。

总而言之，如何让人才培养成为一种高回报的投资呢？我们必须精准找到每一个岗位的培训内容。从基于岗位任务寻找培训内容、根据绩效结果寻找培训内容、根据职业生涯规划寻找培训内容三个维度去识别和寻找。

四、 怎样获得管理体系的支持

如果我们找到了培训内容，接下来如何把培训内容编成教材，依靠什么力量把培训内容转变为组织的能量，怎样改变员工的观念，怎么提升员工的知识和技能水平等，诸如此类，这就需要获得培训管理体系的支持。所以，我们将从培训管理工作的层次、不同阶段的培训重点，以及培训组织体系涵盖的要素三个方面展开分享。

1. 培训管理工作的层次

杰克·韦尔奇对CEO做了非常精辟的解释，他认为CEO应该是首席教育官，教育和培养下属是企业家的重要职责。所以，无论企业规模的大与小，也不管企业何时成立，我们都有责任组织全体员工学习和成长，很有必要把培训工作统筹管理起来。

但是，如果从投资回报率的角度来说，培训管理层次的设置会随着企业的大小而有所差异。因为大企业分工清晰，专业化程度比较高，有足够的资源和人才投入。而小企业的员工身兼数职，各方面的资源相对匮乏。下面我们具体探讨关于培训管理工作的四个层次，如图3－10所示。

图3－10　培训管理工作的四个层次

第一个层次，基础行政工作。比如会务组织、文档管理、日常行政工作等。初创型企业，或者规模不大、人不多，公司没有力量进行专业化管理时，它的培训管理工作基本上停留在这个层面。此时，企业的人才培养基本上只能采取师徒传承的方式，OJT是重

点，最终的效果完全依赖员工的悟性、垂直管理者的责任心，以及企业家本身对待人才培养的态度。因此，公司在人才培养方面的专业指导、统筹与监督是有限的，它需要依赖外部力量进行专业辅导。当然，大企业也有人才培养的基础行政工作，但它不是培训工作的全部。

第二个层次，日常营运管理。诸如需求调查、计划制订、培训实施、培训评估、培训管理监督与执行等日常工作，主要与部门经理合作推动人才培养工作的落实。对培训管理者来说，要有一定的专业背景和良好的沟通协调能力，现在大部分企业的培训工作依然处在这个层次。

第三个层次，体系建设与日常管理。比如技能体系建立与管理、课程体系建立与管理、讲师培养与管理、培训信息体系建设与管理、培训经费管理等。

第四个层次，战略管理。比如企业家培养、中高层管理队伍培养、组织变革推动、企业文化推动、核心能力培养、培训政策制定等。这就是培训管理工作的最高层次，GE 商学院、长江商学院基本就是这样的一个定位。

综上所述，企业家需要审时度势，精准定位培训管理工作的层次，不能操之过急，也不能因为人才培养跟不上而影响企业的发展步伐。

2. 不同阶段培训工作的重点

企业成长大概经历四个阶段：创业阶段、扩张阶段、成熟阶段和再生阶段。每个阶段的状态和工作任务不一样，人才培养的重点也有差异，其中必然存在无法规避的问题。结合以上情况，笔者把相关内容做了一个归纳整理，以表格的形式呈现给大家，具体内容如表 3－6 所示。

第一阶段是创业阶段，企业最重要的任务是识别和鉴定市场、开发产品、发展客户，这是创业阶段的重要任务。初创企业要选对行业，并分析和鉴定是否具有去做这个行业所需资源和能力。我们怎样去分析和鉴定是否选对了行业呢？首先，创业者进入的产业应当是处在上升期，而且还没完全达到大规模发展阶段。因为处于成熟期的产业，毫无疑问，进入企业已经太多，竞争激烈，必然是以规模效应来竞争的市场格局，如同吃穿住的日用品消费，IT 网游、网络设备、PC 电脑、通信产品等。作为一个新成立的公司，我们很难去做规模竞争，而且初创企业必须考虑发展空间。如果产业已经处于下降阶段，企业必然没有发展前途。如果适逢产业正处巅峰时期，初创企业也不适合。因为这个时候需要你立刻进入战场奋力厮杀，而初创企业需要打磨，需要秣马厉兵。等你成长起来了，市场早已被瓜分，轮不到你了。所以，识别和鉴定市场非常重要。

如果初创企业有幸找到新兴市场，接下来需要设计吻合市场的产品，快速形成企业的主营业务，大力进行宣传与推广，争取更多的市场机会，完成企业的原始积累，这是初创企业的主要任务。在初创阶段，企业往往面临生存压力，必须求生存、求发展、求突破，想尽一切办法活下去。这个阶段企业如同新生儿，还没有得到社会的认同，实力不强。而且，企业内部的各种组织、规章制度和经营方针尚未健全，企业文化尚未形成，管理上人治色彩浓厚，企业家的个

表 3-6　　不同阶段培训工作的重点

阶段	创业阶段	扩张阶段	成熟阶段	再生阶段
企业特征	鉴定和开拓市场，企业不规范，以求生存为重点，家长式管理	方向明确，规模不断扩大，资源紧张，逐步规范化，企业家个人作用淡化，职业化	财务状况改善，组织架构健全，制度完善，管理规范，优化资产组合，持续稳定成长是重点	寻找新兴市场，战略和管理变革，转型提高核心竞争力
培训特点	• 重视企业家自我提升 • 业务和销售培训为重点 • 内部培训为主 • 负责人以兼职为主	• 管理和全员培训为重点 • 外部培训为主 • 有专职培训负责人	• 培训体系建立为重点 • 内部为主、外部为辅 • 管理机构完整、计划性强	• 培训体系创新 • 协同战略，效果明显 • 专业化分工
存在问题	• 凭领导感觉决定 • 无明确经费预算 • 效果无法评估	• 以补课和应急为主 • 培训评估难以推行 • 专业水平较低	• 重点不明确 • 不能推动组织变革 • 其他干部缺乏配合	• 增加创造性 • 人员综合能力需提高

人作用比较突出，几乎都是凭企业家一己之力托起整个企业的运作。所以，它是典型的家长式管理，所有的决策都凭企业家的感觉。毫无疑问，这个时候需要提高企业家的综合经营能力。企业内部培训的课题重点是业务和销售，培训方式以 OJT 为主，培训工作的负责人多数是兼职。当然，这种培训方式必然会存在很多问题，诸如企业家本人没有时间去学习，企业培训没有明确的经费预算，培训效果无法评估，无法准确统计人才培养的投资回报率等。

第二阶段是扩张阶段。如果企业经过初创期存活下来，一般很快进入扩张阶段。这个时期的特点就是公司发展方向明确、规模不断扩大、主营业务不断扩张并且快速增长，公司内部各种资源全面紧张。此时公司组织形态逐步走向正规化，机构相对完善，公司规章制度不断建立和健全，公司文化逐渐形成。而企业家的个人作用逐渐淡化，更多的是担任领导者和管理者的角色，职业经理人开始进入公司并发挥关键性作用。这个阶段最重要的任务是什么？企业应当明确从事哪些主要业务？如何保证稳定的业务来源？业务增长的关键驱动力是什么？怎样进行业务拓展？如何管理好现金流？如何设置监控系统以确保资金状况的安全？在确定业务发展方向和财务安全之后，接下来着手如何整合资源，如何开发运营体系消化这些资源，如何建立组织能量使人力资源、财务资源、技术资源能够进来，还要消化它。所以，这个时期人才培养是以统筹管理和全员培训为重点，特别是企业文化与职业化素养要做到全员培训。同时企业内部需要设置专职培训负责人，但需要借助外部的力量，以外部培训为主。这个阶段也必然存在一些问题，比如以补课和应急为主、培训评估难以推行、专业水平较低等。

第三阶段是成熟阶段。企业坚持过了成长期，就会进入成长速度放缓，但是利润却在提高的收获季节。这个阶段的特征就是财务状况得到明显改善，公司能够获得最大的利润，入不敷出的局面变成现金流充足。此时组织机构比较健全，各项制度比较完善，各个职能部门能够充分发挥作用，企业的创造力和开拓精神得到制度的保证，这个阶段的重要任务是资产组合优化。企业目前的资产组合中，确定有哪些增长点，有多大的增长空间？在企业所有的业务中，目前利润最丰厚的有哪些？哪些需要调整？哪些需要退出？市场中存在哪些主流的细分市场，企业在这些市场中的发展定位如何？有哪些高价值的行业或细分市场值得企业进入或扩大经营规模？企业如何实现各市

场或业务间的协同发展？如何实现运营的标准化？如何确立公司的各类产品及服务标准？这个阶段，驱动利润的关键因素在于市场定位的准确性及企业运营的标准化程度。企业在优化资产组合与精准市场定位的基础上，重点是制定管理制度、设计业务流程、定出种种标准等。然后，在此基础上建立一套卓越的管理模式和经营模式，实现企业规范化运作，确保企业持续稳定赢利的态势。因此，这个阶段需要根据数据分析进行决策，通过数据分析确定经营方向，员工需要接受理性分析与经营的培训才能赶得上新的形势。因为企业这个阶段任务不是见到客户就上，不是什么市场都做，而是有所取舍。整个企业要有清晰的经营方向，要有自己的价值主张，要靠团队的力量，要靠团队管理的水平。所以，这个阶段企业需要加大培训投入，把人才培养提升到一个战略的高度，应当以培训体系建立为重点，人才培养内部为主、外部为辅。同时，企业需要建立完整的培训管理机构，需要有计划、有步骤地开展工作。

第四阶段是再生阶段。如果成熟期不能成功地去成熟化和蜕变，企业就会出现增长乏力，可能会随着某些关键人物的离去而衰退，公司整体的竞争能力和赢利能力全线下降，资金紧张，缺乏成长性、竞争性和灵活性。由于公司内部官员太多，官僚风气浓厚、制度繁多、缺乏执行、相互推脱责任的事情时有发生。此时员工自我保护意识不断加强，做事情越来越拘泥形式，安于现状，不思进取，公司销售业绩开始下滑，各项成本急剧攀高。因此，企业需要重新寻找和鉴定市场，找到新兴产业，重新变革企业组织系统实施第二次创业，或者第三、第四次创业。这个阶段的重要任务就是寻找新兴市场，对公司企业文化、发展战略、各种制度、资本运营、公司治理等各个方面进行变革，不断为企业的可持续成长添砖加瓦。在此基础上，适当转移和调整公司核心能力为企业战略转移奠定基础，重新激活企业面对新兴市场的活力。最后是要通过技术的不断更新，突破产品的技术周期而持续增长。这个阶段企业培训的重点是创新，在创新的基础上不断完善管理体系，在创新的基础上形成企业核心竞争优势，确保企业在新兴市场上的领先地位。此时，培训部的内部分工越来越明晰，专业化程度大大提高，人才培养的效果也会非常明显。在这个阶段，我们要增强创造性培养为组织变革保驾护航，需要提高员工的综合能力。

3. 培训组织体系认知

彼得·圣吉在其著作《学习型组织的艺术与实践》中提出了学习型组织的概念和具体的方法。所谓学习型组织，它是一个能熟练地创造、获取和传递知识的组织，同时也要善于修正自身的行为，以适应新的知识和见解。学习型组织强调组织员工终身学习、全员学习、全过程学习、团队学习。通过保持学习的能力，及时铲除发展道路上的障碍，不断突破组织成长的极限，从而保持持续发展的态势。

那么，如果企业导入学习型组织，应当怎样去构建培训组织体系呢？为了让各位读者对培训组织体系有一个清晰的了解，笔者把企业培训体系的构成要素，包括人员组成，以及主要职能做一个整理归纳，详见表 3 – 7。

表 3－7　　　　　企业培训体系的构成要素

组成要素	人员组成	主要职能
培训管理委员会	总经理、主管副总、人资总监	制定或批准人力资源开发战略，制定或批准培训政策，审定、批准培训计划和培训预算，制定或批准重点项目
培训部	培训经理、项目经理、助理	拟订和执行培训战略，拟订培训制度、工作流程，培训资源建设与管理，日常培训营运管理，基础行政工作
培训执行委员会	培训经理、部门培训负责人	调查培训需求，制订部门培训计划，推动培训实施；培训的报名、评估、考核、归档等
讲师、导师	专职或兼职	课程调研与课程开发，编写培训教材、讲义和试题库，现场授课，培训辅导与跟踪，学习研究
受训单位	各级管理者	员工技能管理，部门培训需求调查，统筹落实在岗培训，培训评估与培训应用推动
受众对象	全体员工	提供个人培训需求，按要求参加培训，在工作中不断应用，养成良好工作习惯，做辅导员，实施在岗培训

第一，培训管理委员会。它不是一个常设机构，成员都是兼职的，主要由总经理、主管副总和人力总监组成，不同规格的企业职务上有所差别，但这些成员都是企业的核心成员。众所周知，培训在企业管理、人员储备、解决实际问题上有着不可低估的作用。培训发展到今天，开始逐步受到企业各界人士的关注，很多企业开始引入内训机制，成立培训部或者企业培训学校。但要将一个陌生的内训机制引入到企业的各个环节，最大限度地发挥培训的作用需要大家的共同努力。企业之所以需要成立培训管理委员会，其目的就是要推动培训工作的落地实施，让学习型组织在企业落地生根。所以，如果是大企业，培训管理委员会的硬性职能是制定或批准人力资源开发战略、制定或批准培训政策，审定、批准培训计划和培训预算，制定或批准重点项目。如果是小企业，重点是积极营造学习

氛围，顺利导入学习型组织，推动团队学习、全员学习。

第二，培训部。它由培训经理、项目经理、助理组成。很多企业不太在意培训部，若有若无。其实，培训是一个很重要的部门，必须具有很强的专业性，具有很强的培训体系设计能力以及培训活动的统筹驾驭能力。它的具体职责是拟订培训战略，拟订培训制度与工作流程，培训资源建设与管理、建立培训质量管理体系，日常培训营运管理，以及基础行政工作。当然，如果企业规模不大，可在人力资源部门设置培训管理岗位，同时肩负以上职能。

企业家需要树立这样一个理念，人才培养是一项高回报的投资活动，人才培养能给企业带来惊喜的回报，如果企业培训达不到投资回报率的目标，往往是培训部门不够专业造成的。因为培训工作，它不是简单到什么时候做培训、做几天、谁参加、每天是什么题目等，而是在建立科学的运营体系基础上，把课程体系设计、培训师以及导师的培养与管理、费用预算等重要项目做出深入的研究与精细化的管理。

第三，培训执行委员会。它是一个临时机构，由培训经理、部门培训负责人组成，主要职能是调查培训需求，制订部门培训计划，推动培训实施，组织培训报名、评估、考核、归档等日常工作。培训执行委员会首先要发挥培训部门的主导作用，提供具体方法

和悉心的指导，掌握人才培养的维度、节奏和力度。同时，相关人员积极配合，各单位负责人要有主人翁意识，都把本部门的人才培养工作当成自己的事情。这样一来，人才培养的执行力将会大幅提升。

第四，内部讲师和导师。企业经常会组织员工集中起来进行脱岗培训，叫作 OFF - JT，OFF - JT 需要一批内部培训师。但是企业最有效，用得最多的是在岗位上的训练，叫作 OJT，所以需要大量在工作现场进行一对一辅导的导师。因此，导师，内部培训师和外部讲师是企业培训组织体系必不可少的角色，专职或兼职都可。他们的职能是课程调研与课程开发，编写培训教材、讲义和试题库，专题授课，现场一对一辅导、学习研究等。企业也需要外部培训师，因为他们非常专业，能为企业带来新的思维和方法，而且外部培训机构服务也很好，有些课程我们还是要用外部讲师。但是，企业还是要以内部讲师和导师为主，毕竟内部员工最了解公司的情况，他们可以将自己的工作心得很好地与实际问题结合起来，不仅培训的效果更好，而且这也是内部员工总结工作、提高自己的一次机会，教学相长。

第五，受训单位。主体是各级管理者，他们的职能是员工技能管理、部门培训需求调查、统筹落实在职培训、培训评估与培训应用推广。据统计，全球年收入规模在 100 亿美元以上的企业现任 CEO 中，有 200 多位都出自麦肯锡，麦肯锡被福布斯杂志评为世界最大的领导者学校，每一个麦肯锡人所受的各种职业锻造离不开学习和培养。麦肯锡全球合伙人余进回忆说，在她初入职场的时候，有一次犯错误给公司造成了一小笔损失。在余进惶恐得不得了的时候，她的老板送过她受益一生的话："犯错误是好事，这是你学习的机会。聪明人不是不犯错误，而是不犯同样的错误。”所以，如果我们的新员工在职场中不小心犯了错误，甚至造成了小损失，太好了，这就是他们成长的机会。从余进的观点来看，各级单位的领导者不一定必是现场指挥官，而是要学会作“辅导员”。辅导员不仅需要领导影响别人，更是一名助力者，让团队每位成员发挥其最大潜能，令他们在团队中能发挥的价值最大化。那该如何有效地选择自己的领导角色定位去领导他人呢？首先，要从了解他人开始。“他在乎的是什么、驱动力是什么、出发点是什么、痛点是什么、长处和短板又是什么”，这些都是受训单位的负责人需要深度了解的。

第六，受众对象。它是全体员工。我们要求全体员工都要提供个人培训需求，按需参加培训，然后在工作中不断应用推广，逐步养成良好的工作习惯，积极争当辅导员实施 OJT。作为受训者来说，永远保持一个开放的心态，有上进心，愿意去探索学习新的东西。大家都知道爱因斯坦曾把一个人的知识比作一个圆的面积，他对未知的觉察便是这个圆的周长，有上进心的人始终带着这样的好奇心和求知欲，促使自己不断成长。

培训组织体系重在匹配，与企业规模、所处阶段，以及所赋予的职能相匹配，更重要的是要让培训组织体系中的各个要素发挥其最大的价值。具体怎么做呢？我有三点建议：第一，对他们赋予明确的工作

职能；第二，对中坚力量进行专业的培养，对内部讲师做 TTT 培训，对于导师，做一对一的辅导技巧等；第三，通过培训制度和机制建设，提高全体员工的参与意愿和工作动机，比如讲师管理制度、导师管理制度、学员管理制度、员工职业生涯发展机制等。总而言之，有的放矢，有把握地投入关键资源形成一个强有力的培训管理体系，我们才能确保人才培养是一项高回报的经营投资活动。

第三节 如何用好人才

如果企业没有人才，或者人才的数量不够，做强做大还是挺有难度的。相反，如果企业人才济济，都是人才，一定能够做强做大吗？那也不一定，关键是什么？关键是要用好人才，把人力资源转化为生产力。怎么转化呢？这就是这一节我们要探讨的问题。

一、如何带领员工闯过两道生死关

企业有两道生死关，当你身处险境，弹尽粮绝，山穷水尽之时，这是一道生死关。相反，如果你身处事业巅峰、光芒四射、无比成功，这也是一道生死关。那么，我们怎么带领员工闯过这两道生死关呢？

1. 如何绝境重生

衡水老白干有一句非常精辟的广告词：“行多久，方为执着；思多久，方为远见，时间给了男人味道。”坚守执着方显英雄本色，但成功的道路不可能永远都是坦途，必然会遇到令人无奈的困境，甚至是绝境。如果不幸山穷水尽，弹尽粮绝，全体员工因此丧失斗志，人心涣散，身陷绝境。在这种情况下，我们怎么带领员工队伍走出绝境迎来春天呢？

在这里我给大家介绍一下伟大领袖毛主席。他领导中国共产党带领劳苦人民进行了长达二十八年艰苦卓绝的斗争，推翻了三座大山，结束了中华民族一百多年的屈辱史，建立了社会主义的新中国，从此开辟了中华民族伟大复兴的新纪元，深受世界人民无比的景仰和爱戴。

当时以振兴中华，救民于水火之中的党派林立，共产党的领袖也不少，先后有陈独秀、王明、博古、张国焘等。共产党刚刚成立的时候，力量薄弱，险象环生，时刻面对生与死的较量。那么，毛主席凭什么带领无产阶级革命战士化险为夷，崛地而起呢？毛主席凭什么带领中国共产党取得伟大的革命胜利呢？下面我们看看毛主席革命成功的心路历程。

16 岁的毛泽东在湘乡县东山高等小学堂读书，当时班上有不少富豪子弟，这些富豪子弟冷嘲热讽蔑视毛泽东。毛泽东随即写下一首《咏蛙》的诗词：

独坐池塘如虎踞，绿荫树下养精神。

春来我不先开口，哪个虫儿敢作声。

毛泽东把自己比作青蛙，虽是小人物，也有龙虎之姿，也有不凡气概。这既是对那些富豪子弟的不屑一顾，更深刻地表现出毛泽东少年时代的远大抱负和博大胸怀，表达了毛泽东的豪迈气概和雄才伟略。这就是自信的力量，别人说我不行，我们更加要相信自己，更要有远大抱负，更要藐视一切困难。

17 岁那年，毛主席回到家乡，他父亲毛顺生要他去经商。17 岁的毛泽东坚决说不，说我要走出韶山冲继续求学。为了获取父亲的同意，毛泽东找到亲友和老师一起劝说父亲。一个灰蒙蒙的下午，他离开家乡去求学。随后留下一首《赠父诗》：

孩儿立志出乡关，学不成名誓不还。

埋骨何须桑梓地，人生无处不青山。

《赠父诗》表达了 17 岁毛泽东不仅胸怀天下，志在四方，而且还有破釜沉舟、背水一战的坚定决心。在这里我们不难发现，毛主席不仅天赋异禀，才华超群，更重要的是他的内心极其强大。

后来毛泽东率领共产党的队伍，上了井冈山。井冈山的条件非常艰苦，要吃没吃，要喝没喝，队伍里有些人开始动摇了。其中不乏能征善战的将领，最有代表性的就是林彪，他给毛主席写了一封信，问红旗还能扛多久？这个话多消沉啊！看看我们的毛主席，别人都放弃了，他选择坚持。别人已经绝望了，他看到了希望。别人都说不行了，他说：“星星之火，可以燎原。”

毛主席在井冈山的时候，多次面对敌人的围剿，每一次都有性命之忧，但他是怎么想的呢？他在《西江月·井冈山》中是这样说的：

山下旌旗在望，山头鼓角相闻。
敌军围困万千重，我自岿然不动。
早已森严壁垒，更加众志成城。
黄洋界上炮声隆，报道敌军宵遁。

1928 年 8 月 30 日，国民党的四个团攻打黄洋界。当时井冈山上的红军只有一营的两个连，打到下午，红军子弹所剩无几，只能搬起石头砸向敌人。在关键时刻，红军扛来一门破旧的迫击炮和仅有的三发炮弹，前二发都是哑炮，第三发不但响了，而且恰巧落在敌军指挥部。山上的敌人慌忙撤退，结果他得救了。如果这一炮没有打响或者没有打中，可能一切就完了。这说明只要下定决心坚持到底，奇迹总会出现。

从井冈山下来，红军开始长征。天上是敌人的飞机狂轰滥炸，地面是枪炮穷追不舍，枪林弹雨走过十一个省，行军二万五千里。在遭遇生死存亡的危险和无数次考验后，毛主席满怀豪情地写下了《七律·长征》这首壮丽的诗篇：

红军不怕远征难，万水千山只等闲。
五岭逶迤腾细浪，乌蒙磅礴走泥丸。
金沙水拍云崖暖，大渡桥横铁索寒。
更喜岷山千里雪，三军过后尽开颜。

红军不怕万里长征路上的一切艰难困苦，把千山万水都看得极为平常。那绵延不断的五岭只不过是微波细浪，那气势雄伟的乌蒙山也不过是一颗泥丸……在战术上高度重视敌人，在战略上极其藐视敌人，这就是信仰的力量，这就是心灵的强大。而这种强大内心和坚定的信念又是何其的重要？在那个白色恐怖的年代，如果对未来有任何怀疑，有任何动摇，社会主义新中国就不会诞生。但是，毛主席信心满怀，表现出无比豪迈的英雄气概。后来毛主席写了一首更加豪迈、更加壮丽无比的诗词，《沁园春·雪》，他写道：

……

惜秦皇汉武，略输文采；

唐宗宋祖，稍逊风骚。

一代天骄，成吉思汗，只识弯弓射大雕。

俱往矣，数风流人物，还看今朝。

这首诗太壮观了，太宏伟了，太有气势了！蒋介石看了很生气，找到秘书陈布雷，说："你去清华、北大给我多找些教授写几首诗，在气势上压倒毛泽东！"陈布雷如实回答："报告校长，这样的诗词没有一个人写得出来，这不是水平的问题，没有一个人有这样的胸怀和气度！"

为什么毛主席能够成就千秋伟业呢？这就是信仰的力量。这种力量影响自己，也照亮别人。

2012 年，A 企业一年亏损 2000 多万元，一个年收入不到三个亿的中型企业，一年亏损 2000 多万元，也是到了山穷水尽的地步，有些员工开始动摇了，怎么办？毫无疑问，这个时候信心比黄金重要。因此我们号召全体员工向伟大领袖毛主席学习，在战略上藐视困难，在战术上要特别重视困难，全体员工众志成城，不计回报做好眼下的工作。同时我们分析行业趋势的变化，瞄准企业主打市场，全力以赴推出吻合市场需求而又领先竞争对手的产品，稳步提高运作质量和服务水平。我们在危机面前不懈怠，不灰心，不失望，不浮躁，沉着冷静，这就是信仰的力量。这种力量伴随我们渡过了难关，迎来了胜利的曙光。时至2013年，A企业扭亏为盈，这几年我们的业绩持续增长，利润持续暴增，我们凭着信仰的力量从一个胜利走向另一个胜利。

2. 如何应对自我膨胀的生死关

作为企业家，绝境不仅仅是一场磨难，更是人生的一种觉醒和升华。越王勾践面对亡国的奇耻大辱，痛定思痛，卧薪尝胆，终成复国大业；因尽忠直谏而被受以宫刑的司马迁却凭着非凡的意志完成了旷世大作《史记》；音乐巨匠贝多芬面对双耳失聪的人生厄运，告诫自己，要扼住命运的咽喉，于是演奏出了辉煌的《命运》绝响；海涅面对手足瘫痪，视力微弱的人生绝境，信念不倒，笔耕不辍，吟唱出了誉满人间的不朽诗篇……他们面对挫折没有自暴自弃，而是用正确的心态将之转化为激励自己成功的动力。所以，可怕的还不是绝境，而是顺境。顺境是一种麻醉剂和腐蚀剂，它会让我们经历从将军到囚徒的蜕变，甚至让我们彻底毁灭。

三国时期的许攸，原本是袁绍帐下的谋士，官渡

之战时其家人因犯法而被收捕，自觉袁绍不能相容，恐性命难保，然后投奔曹操。曹操忘履相迎，高兴地说：“子远来了，大事可成!”

许攸投奔曹操之后，取冀州，破袁绍，立头功，开始步入人生佳境。但是，许攸在人生的佳境中自鸣得意、自我膨胀、傲慢无礼，谁都不放在眼里，在大庭广众之下辱骂主公。结果激怒了曹操，激怒了所有的文武大臣，最后被许褚砍下人头。

很多企业家也是这样，千难万难，好不容易把企业搞得有声有色，原本可以继往开来发扬光大。可惜的是，很多企业家就在这个时候自我膨胀，极其自负，开始腐败堕落，谁都不放在眼里，唯我独尊，结果身陷囹圄，众叛亲离，败得很惨。

我在辅导 A 企业的时候也遇到过这样的情况，当时我还写了一篇文章，文章的标题是《阿米巴模式闪电落地之谜——A 企业又出撒手锏》。文章内容如下：

推迟了整整三个月的阿米巴经营模式，险些又要往后拖延，甚至无法看到它在 A 企业落地实施了。如果这样，这将是 A 企业全体员工莫大的惋惜，也是《持续赢利 DNA 咨询体系》创始人、佐旺咨询总经理、A 企业首席战略咨询顾问、阿米巴模式总设计师胡福庭老师的难言之痛。

2013 年伊始，佐旺咨询与 A 企业结下了不解之缘，开始了卓有成效的合作。首先，佐旺咨询将此次合作视为“斩首”行动，决心举全公司之力创造业内奇迹，以此获得业界的赞誉，为日后的腾飞奠定坚实的基础。

胡福庭老师接到这个项目之后，研判行业趋势，明辨市场方向，描绘 A 企业作为中国医药冷链物流市场第一品牌的发展轨迹。在辅导实施过程中，梳理公司组织架构，设计极具行业竞争力的产品线，开拓多样化的营销模式，打造凝聚人心的企业文化，培育员工核心竞争力等多举并措，每项工作求真务实。因此，A企业一改往日的颓势，在这两年多的时间里取得了一个又一个的胜利。

2013年，A企业摆脱一度严重亏损的萎靡状态，取得了令人瞩目的成绩，实现了可观的赢利目标。2014年，A企业全体员工众志成城，再创辉煌，实现了利润同比翻番的年度目标。

那接下来如何带领全体员工继往开来呢？胡福庭老师呕心沥血，奇特构思启动《具有A企业特色的阿米巴经营模式》，以此解决公司建立自主经营平台，实现企业与员工长期共赢发展，推动公司再迈新台阶的问题。但在此时，一路高歌猛进的A企业开始自我膨胀，官僚与自满的情绪开始助长，遭受冷遇的胡福庭老师采取了冷处理策略，且行且珍惜。

正值此时，A企业的业绩一度下滑，3月、4月、5月，直到6月，公司业绩止不住地往下滑。公司着急了，总裁着急了，董事长着急了，一度遭受冷遇的胡福庭老师又有了话语权。就在这个时候，胡福庭老师不失时机，力促阿米巴模式尽快落地推行。

短短一个月时间，全公司30多个自主经营体，他们的结算模式，逻辑关系，数据推演与测试全部完成。并在这个基础上出台利润分成体系，员工激励机制，总部辅导与管控模式等规范性文件，以迅雷不及

掩耳之势闪电出台。在7月16、17、18日，A企业召集全体分公司总经理在总部进行阿米巴经营模式的集训，以及2015年半年度工作总结。通过前期严谨务实的筹划，以及三天的集训、动员、季度优秀工作者的表彰，A企业的管理者重新点燃心中的热火，又是激情满怀地投入工作。

月有阴晴圆缺，人有悲欢离合。在辅导企业慢慢成长的道路上，我们有成功的喜悦，也有心酸的泪水。但不管怎么样，让无数企业因为佐旺而精彩，那是我们的使命。因此，我们唯有继续前行。

像A企业这样的情况太多了，稍有成绩就开始懈怠，甚至自我膨胀、腐败堕落。这是因为民营企业家是一个没有约束的群体，完全依赖自我管理。所以，一些民营企业家稍有成就之后，他们就开始放松自我管理和约束，开始膨胀，开始腐败堕落。相对而言，A企业还算是非常不错的。很多企业家的表现更为荒唐，他们的荒唐表现在以下几个方面：

第一，极度缺位，懒散无度。首先，职务缺位，不准时上下班，不好好履行企业家的职责，不上进，不作为。其次，能力缺位，不学习，不进步，能力跟不上企业发展要求，可悲的是，还认为自己无所不能。最后，心理缺位，一到公司上班就心烦意乱、痛苦不堪，上班成为一种巨大的折磨。

第二，依附官员，寻租特权。屠呦呦的获奖感言警醒一批人，感言的内容为："不要去追一匹马，用追马的时间种草，待到春暖花开时，就会有一批骏马任你挑选；不要去刻意巴结一个人，用暂时没有朋友的时间，去提升自己的能力，待到时机成熟时就会有一批朋友与你同行。"但是，很多民营企业家恰恰相反，不脚踏实地经营企业，依附某些政府官员寻租特权垄断资源，寻求官商勾结倍增财富，贪图不劳而获，坐享其成。

第三，求神拜佛，祈祷神灵相助。现在信神、信鬼、信菩萨的企业家越来越多，更有甚者三叩九拜痴迷不悟。今天小有成就，却不再依靠勤劳和智慧创造财富，而是祈求虚无缥缈的神灵相助，祈求鬼使神差天上掉馅饼撞大运，荒唐至极。

第四，铺张浪费摆阔气，显威风。有些企业家还背着银行的巨额贷款，付着高额利息，挥霍无度置办古董、艺术品那些高大上的东西，不低调经营企业，动不动讲排场摆阔气。但是，这些东西对企业毫无实际意义，纯属显摆。

第五，德无制、行无规、损无忌。不少民营企业的老板还跟自己的员工搞暧昧，四处找情人而且还带着参加各种聚会，厚颜无耻以此为荣。然后呢？还伪装成慈善家到处捐款感言，到处为自己的脸上贴金，但是自己的员工穷困潦倒，看不到希望。

目前，确实很多企业家在佳境中迷失方向，有的自我膨胀，有的腐败堕落。怎么办？关于这个问题，首先要从人生追求开始，要从人生目标开始。在《恰同学少年》这部电影当中有这样一个镜头，杨昌济老师给毛泽东他们上课，第一堂课的内容就是修身。何谓修身？杨昌济老师说："修身即为己之道德情操，勉以躬行实践谓之修身。"通俗地说，修身就是修炼心智，修炼性情，然后约束行为举止。那么，修身的

第一要务是什么呢？杨昌济老师用了“立志”两个字。孔子曰：“三军可夺帅也，匹夫不可夺志也。”人无志，则没有目标，没有目标，修身就成了无源之水，无本之木。所以，凡修身，必先立志。志存高远，则心自纯洁。

毫无疑问，有了崇高的目标就会矫正态度，克服自我膨胀，防止腐朽没落。作为创业者，我们追求的人生目标不仅仅是富豪，而应当是企业家。企业家要有社会担当，严于自律，珍惜荣誉，担当起社会与国家的责任，承载所有员工对美好生活的向往与追求。富豪有钱就任性，有钱就膨胀，有钱就开始自我堕落。而企业家应在事业上精益求精，在人生境界上不断修炼，不断提升格局和修为。

其次，我们要向榜样学习，向标杆学习。谁是我们的榜样，谁是我们的标杆？毛主席是我们学习的榜样，任正非是我们学习的标杆。

1949 年 3 月 5 日，在西柏坡召开中共七届二中全会上毛主席指出：“夺取全国胜利，这只是万里长征走完了第一步。如果这一步也值得骄傲，那是比较渺小的，更值得骄傲的还在后头。中国革命是伟大的，但革命以后的路更长，工作更伟大，更艰苦，这一点现在我必须向党内讲明白，务必使同志们继续地保持谦虚、谨慎、不骄、不躁的作风，务必使同志们继续地保持艰苦奋斗的作风。”

为什么毛主席如此英明？因为前面有一个李自成，李自成就是一面镜子。当然，毛泽东对李自成的壮举给予了高度的评价，一介布衣带领起义大军不惜血洒疆场，推翻根基深厚的大明朝，打到北京登上皇位，非常了不起。同时，毛泽东也分析了李自成失败的根源，那就是巨大成功带来无比的自我膨胀。所以，毛泽东把李自成当成一面镜子，告诫我们不要成为李自成。毛泽东的英明之处就是能够以史为鉴，不断地开展批评与自我批评，不断地开展自我检讨与反思。从 1951 年年底到 1952 年 10 月，在全国范围内开展反贪污、反浪费、反官僚主义的三反运动，以及反行贿、反偷税漏税、反盗骗国家财产、反偷工减料、反盗窃国家经济情报的五反斗争运动。在 1963 年至 1966 年 5 月，又在全国范围内开展清政治、清经济、清思想、清组织的四清教育运动。这些活动的核心思想是防止广大干部滋长自满情绪，防止干部脱离群众，惩前毖后治病救人，激励广大干部继往开来再创事业新高峰。所以，毛泽东带领中国人民步入世界强国之林，这就是一个最好的榜样。

做企业也是一个道理。任正非曾经写过一篇文章，叫作《华为的冬天》。我相信各位读者都知道这篇文章，如果不知道的话，上网百度一下可以看到，上面写得很精彩。但是，我们知道华为为什么谈冬天吗？因为那个时候华为的业务非常好，赢利状况非常好，任正非发现有些员工开始骄傲，开始自满，开始小富即安，开始享受生活。如果这个时候任正非不提醒未来公司会走进冬天，如果任正非不强调要为将来做好准备，华为的员工就会自我膨胀，就会在享受物质生活的过程中丧失斗志，失去狼性文化，华为就不会有今天的成就。但是，我们中国有不少企业家都是因为赚到钱了，蛮有成就感了，于是开始膨胀，开始挥霍，最后慢慢地，企业就死了。

因此，在公司业绩好的时候，我们要懂得居安思危，要有危机意识，切忌在佳境中自我膨胀迷失方向。关于这一点，所有的企业家都要向任正非学习，要向毛主席学习。居安思危，开展批评与自我批评，时刻进行深刻的自我反省，带领员工走出自我膨胀的陷阱，继往开来向着更大更宏伟的目标前进。

那么，什么时候给予员工信心，什么时候又要让员工居安思危？华为有资格谈冬天，但是我们不一定有资格谈冬天。因为如果企业还在冬季，它没有资格谈冬天，只有获得巨大的成功才有资格谈冬天。那么，如果企业还在冬季要谈什么？要谈春天，给予员工信心，给予员工力量。

广东有一个企业家，非常实在，前一段时间他的企业遇到危机。于是，他就把公司所有员工召集起来开会，跟他们说："各位员工，公司遇到了前所未有的困难，我已经把家里的房子抵押出去了，车子也抵押出去了，你们行行好，努力工作吧。如果你们再干不好的话，公司就会破产，那我什么东西都没有了。"

试问，作为一个企业家，在这个时候该不该跟员工讲这样的话？如果真的是这样讲的话，后果可想而知了。所以，越是在冬天的企业，企业家一定要让员工看到美好的未来，看到企业的希望，这样员工才能坚定信念跟随你往前走。所以，我们到底是要谈春天，还是要谈冬天，取决于企业处在什么阶段，要反其道而行之。

二、 怎样做到人尽其才

如果企业人才济济，怎样才能用好这些人才？怎样把人力资源转化为生产力呢？人尽其才的用人策略也很重要，下面我们一起来看看。

1. 尊而不重的策略

尊而不重就是特别尊重你，但是，不会重用你。对于那些德高望重、树大根深的老功臣，他们为公司做出了巨大的贡献，人品特别好，对公司也特别忠诚，但是公司要与时俱进，公司要变革，他们在这个节骨眼上转不过弯来。怎么办？尊而不重。当然，有的时候，别人也很优秀，也能够转过弯来，而且他们还是你攻坚克难特别倚重的人。但是，正因为太强大、太优秀，给他一点阳光就会灿烂，给他一点雨露就有燎原之势，最后一发不可收拾，这也要采取尊而不重的策略。

在三国演义里面，曹操对待司马懿就是采取尊而不重的策略，非常尊重他，但是不会重用他。为什么呢？司马懿特有的政治才华和军事才华，无不显示他是将来唯一可以托起曹魏事业的人。而且，刘备与孙权当时的阵营强手如云，曹魏事业离不开这样的高手，尊重是有必要的。但是，司马懿不甘位极人臣，内心狡诈多变，这种人很难驾驭。所以，曹操对待司马懿的策略就是尊重他，但是不会重用他。而且，曹操临死的时候还告诉他的儿子，说："对待司马懿只能采取尊而不重的策略，尊重他，绝对不能重用他。一旦重用他，无异于养虎为患。"曹操死后，曹丕没有遵照曹操的遗训，没有采取尊而不重的策略，加上曹睿、曹芳都不是司马懿的对手，所以，曹魏江山最

后改旗易帜。

在很多企业并购案中，或者股份结构比较复杂，利益格局无法调和，一山不容二虎的情况下也会采取尊而不重的策略。因为你太强大、太优秀，而且不甘屈人之下。所以，只能采用尊而不重的策略。特别尊重你，但是不会重用你。所以，人才，太能干也有被动的时候。

2. 厚而不尊的策略

所谓厚而不尊，是指在物质方面给予丰厚的待遇，工资高，奖金多，福利好，却不给你尊贵的身份。宋江对待鼓上蚤时迁就采取了厚而不尊的策略，时迁有本事，有贡献，还有绝活，自幼练得一身好轻功飞檐走壁，江湖人称“鼓上蚤”。他的功劳呢？从三打祝家庄、大破连环马一直到征讨辽国，时迁都做出了重大奉献。所以，宋江哥哥给了他丰盛的待遇和奖赏，在梁山好汉里面，宋江给时迁的待遇，包括薪酬、奖金以及各个方面的福利水平都很好，甚至比关胜、林冲都要好，因为时迁有绝活，对组织有贡献，而且还很忠诚。但是，给时迁的位置很低，在水浒108将里面，时迁排名倒数第二。为什么有本事、有成绩、非常忠实的一个人，却排得那么靠后？时迁的绝活是偷东西、偷鸡摸狗、盗墓，来路不正。怎么办呢？给待遇，但不给尊贵的职位。

对于企业家来说，理应精通奇正之术，既要擅长正面会合交战，还应当精通出奇制胜。那出奇制胜意味着什么呢？必然会用到有本事、有才华但名声不一定很好的人。对于这样的鬼才，我们就得采取厚而不尊的策略。因为如果你不给优厚的待遇，他不会给你干；如果你百般推崇，企业就会声名狼藉，甚至破坏企业的主流价值观。所以，在一个企业，对于那些价值观不符合主流文化，但有绝活的现金牛，他们有本事，能给公司做贡献。但是，他们的所作所为违背社会主流文化，怎么办？厚而不重。

3. 用而不重的策略

何谓用而不重呢？什么事情都会托付给你来办，但是，不会给你特别重要的位置，地位不一定很高，这叫用而不重。对那些青年才俊，或者后起之秀，企业自然可以采取用而不重的策略。当年刘备请诸葛亮出山之时，刘备大胆起用诸葛亮，什么事情都让他去试一试。但是，位置不高，诸葛亮刚出山之时，刘备给他一个什么官职呢？我们去看看三国志，看看三国志就知道，没有什么官职，就是一个助理的角色。跟随刘备三年以后，到了建安 14 年，当时诸葛亮 29 岁，才给诸葛亮一个军师中郎将的职位，四品官员。到了建安 19 年，当时诸葛亮已经 34 岁了，才担任蜀军军师将军，同时兼任大司马。到了 41 岁，刘备登基建立蜀国的时候，诸葛亮才出任丞相。诸葛亮到了 43 岁，刘备白帝城托孤诸葛亮，刘禅封诸葛亮为武乡侯，领益州牧。所以，刘备三顾茅庐请诸葛亮出山，采取的办法就是用而不重策略，然后一步一步地带着他走上去。

德邦物流有一个崔维刚，是董事长崔维星的亲弟弟，学医的，学制五年的重点本科，2000 年进入德邦物流。在当时，大学生极少从事物流行业，重点本科的大学生更加少了，青年才俊更是英才难觅。但是，崔维星却只给他一个柜台营业员的职位，继

而是送货员、营业部主管、营业部经理、区域经理、汽运中心操作总监、总经理，最后到了主管德邦物流战略发展的副总裁。这样一来，崔维刚在德邦物流 15 年，那就是团结的 15 年，学习的 15 年，奋斗的 15 年，继往开来的 15 年。经过十多年的历练与沉淀，崔维刚成长为物流行业举足轻重的人物，德邦叱咤风云必须要倚重的人才。

对于那些后起的星秀，B 企业也采取这种策略，给他时间历练、给他时间成长，但又不急于求成拔苗助长。除此之外，还有诸如重而不尊、用而不尊、既用又重且尊的用人策略，这些策略都是企业家需要去了解和掌握的。

总而言之，企业家的用人策略和技巧，它是一种智慧，一种韬略，更是一种境界和修炼。怎样提升这种境界呢，时运不济之时沉着冷静充满自信，处在事业巅峰之时居安思危，还要掌握人尽其才的用人策略，尊而不重、厚而不尊、用而不重等策略。

第四节
如何留住人才

留字上面一把刀，留人就是在自己的一亩三分地给别人一把刀，然后对着自己砍。啥意思？留人是要出血的，留人是要付出代价的，无异于任人宰割。那么，既然留人需要付出代价，还要不要留人，该怎么去留人？这是企业家应该考虑的问题。

一、 案例探讨

下面我们看四个案例，看看这些企业在留人方面做得好不好，它能带给我们什么启示。

案例一：A企业北京公司总经理杨莉离职

2003年，中专毕业的杨莉进入了A企业。十多年来，杨莉兢兢业业，工作卓有成效，从普通员工一路成长，成为北京公司总经理。杨莉跟着公司一路走来，见证了公司的兴衰荣辱，对公司充满感情，是现任总裁亲手栽培的得力干将。正因为如此，总裁把她放在一个非常重要的岗位，担任北京公司总经理。虽然企业有30多个分公司，但因集团总部在北京，北京公司的业务量占整个集团总收入的30%以上。

有一天，总裁正在会议室召集总监会议，突然接到一条微信："李总，您好！我从18岁中专毕业以后来到公司，当时还是一个不懂事的小女孩。时间过得真快，转眼间我已经成为一个小女孩的妈了。十多年来，一直承蒙您的关心和培养，我在各方面都有所成长。知遇之恩，培育之恩，深深地刻在心里，离开公司，我也不舍。但是，我最近状态不佳，我不想因为

自己的状态影响公司的发展。因此，我经过很长时间的慎重考虑，今天决定提出辞职，请总裁恩准。”

杨莉提出离职，留还是不留，该怎么留？我们先看看杨莉为什么要离职？杨莉离职有三个原因：

第一，A 企业现任总裁，原来一直都是主管市场的副总裁。因为企业发展的需要，破格晋升为集团总裁。在他担任副总裁期间，经常跟杨莉等直属部下在一起并肩作战，同事情谊自然深了。但是，担任总裁之后，直属部下变了，总裁需要经常跟集团的总监们商议决策，自然疏远了杨莉。

第二，木秀于林风必摧之。因为杨莉的优秀和位置的重要性，也因此受到某些领导的排挤。

第三，A 企业蒸蒸日上，已成为行业细分市场的领跑者，竞争对手对 A 企业的骨干人才垂涎三尺，纷纷提出翻倍的薪水争取杨莉。

由此可见，杨莉离职当然要留，因为这个岗位太重要了，北京公司一年的销售收入有八九千万，占 A 企业营业收入的 30% 以上。如果杨莉离职带走 20% 的业务，一年下来就有 1000 多万元。如果以 10% 的净利润来算，一年下来就是 100 多万元，而杨莉在 A 企业的年薪才 30 万元，所以，竞争对手给杨莉翻倍的工资也是经过计算的。第二，杨莉这个人是值得留的，因为杨莉中专毕业以后就来到 A 企业，兢兢业业、不离不弃紧紧跟随领导十多年。她对公司有感情，对领导有感情，而且业务能力强，撑起了企业小半壁江山。所以，这样的员工是企业的镇宅之宝，这样的员工是企业重点保护对象。总而言之，肯定要留。但是，别人给 60 万元年薪，你不一定要给 60 万元。因为如果你这样给的话，还有其他分公司的总经理呢？

都这样给的话，整个企业的人力资源成本不就涨上去了吗？所以，单从涨工资的角度肯定不行。当时总裁问笔者："这个事情怎么办？"

笔者说："总裁，这几年来，你除了给杨莉薪水，你还给过她什么？你有没有主动关心她，有没有主动表现出对她的欣赏和信任，没有吧！所以，这一门功课你正好可以借着这个机会弥补一下。同时，你以后还要坚持下去，要把这项工作安排到日程里面去，定期做一些事情。而且，不仅仅是对杨莉，对其他骨干员工也是如此，这是你要做的。第二呢？企业不是有融资上市的计划吗？不是有给员工配送股份的计划吗？如果确定你一定会这样去做，你可以跟杨莉透露透露如何配送股份的事情。因为公司配送的都是原始股，假如给杨莉 20 万原始股，经过几轮投融资之后，20 万元可能变成 1000 万元。如果单凭拿工资，怎么也比不上股票升值的速度，这样的信息你不妨跟杨莉分享。"所以，总裁胸有成竹地跟杨莉谈，一谈就谈开了，效果很好。既没有涨工资，也没有给职务，给了更多的关心，给了更多的理解，给了未来一个共同奋斗的愿景，这是一个留人的案例。

那么，这个案例有哪些方面值得我们学习呢，还有哪些方面值得改进呢？

第一，重要岗位的选人做得不错，北京公司这么重要的岗位，就应该选杨莉这样的员工。所以，即便有什么考虑不周，也没有酿成大错。

第二，留人的方法与策略不错。情感留人，愿景留人。

值得改进的地方呢？骨干员工，老员工，需要无条件的积极关注。因为如果你对员工有很高的期待，就得给予他们很多的关爱；如果你给员工有很高的目标，就得给予他们很深的情感。由此可见，留住骨干员工，它是一个系统性的问题，需要从重要岗位的选人、情感投入、各种关系平衡等因素综合起来考虑。因此，企业家一方面需要考虑做事情的工作，而且还要考虑做温暖人心的工作，双管齐下，两手都要抓，两手都要硬。

案例二：B 公司质控部高级经理刘全胜离职

正当 B 公司质控中心高级经理刘全胜踌躇满志冲刺质控总监之时，突然空降一个质控总监。并且，空降过来的质控总监曾经是刘全胜的顶头上司，二度进宫。不巧的是，刘全胜对这位昔日上司胸有成见，没有好感，况且昔日上司的出现挡住了他的美好前程。所以，开始出现抵触情绪。

昔日上司重回公司之后，更是雄心万丈，为了稳固自己的地位，排除异己，消除威胁，积极筹建嫡系团队。

刘全胜感觉风向不对，好几次发现上司在总裁面前揭自己的短板，一气之下找到了下一家，立即向上司提出辞呈。他的上司暗自窃喜，二话不说非常爽快地批复："同意，转人力资源办理相关手续！"

那么，面对刘全胜提出离职，我们留还是不留呢，如果留，该怎么留？

我们可以效仿秦始皇的用人之道："取其向背，制在饥饱。"取与不取，留与不留，关键要看这个人是向着你还是背着你。就刘全胜而言，大学毕业之后就来到 B 公司，在 B 公司工作了整整八年。在这八年时间里，公司经历了跌宕起伏，刘全胜不离不弃。重要的是刘全胜在工作上兢兢业业，凭着自己的努力从一名普通员工做起，一步步晋升到质控中心高级经理，独当一面地管理质控中心的日常工作。只是因为公司发展需要，才空降一个总监。刘全胜心底里希望留在公司长期发展，心底里认同公司。但是，由于上司的野心，由于跟上司的隔阂，只能分道扬镳。而他的上司呢？是职业经理人的思维方式，奉行人往高处走水往低处流的哲学，并没有把公司当成是自己的最终归属，只是把公司当成一个提升的平台而已。

所以，刘全胜提出离职之后，B 公司的总裁做了两件事，第一件，告诉质控总监，不能因为人员的变动影响工作，不能因为人员的更迭增加人工成本。第二件，找刘全胜谈话，谈话内容涉及以下四个方面：

第一，肯定刘全胜这些年来在公司的成长，以及给公司做出的贡献；

第二，年轻人需要开阔视野，需要增长见识，同意他到外面闯一闯；

第三，委托人力资源部召集公司高管，以及质控中心骨干成员举办一场隆重的欢送会，彰显公司对刘全胜工作的肯定；

第四，提醒刘全胜经常保持联系，山不转水转。

总而言之，B 公司总裁的留人策略还是不错的。首先，在情谊之下，总裁没有让刘全胜继续在公司任职，但留住了刘全胜的心，这叫作留心不留人。而且总裁也给了现任质控总监一个备胎，如果有一天，质控总监有过激的举动，或者有过高的要求，你看看，外面还有一个刘全胜经理等着呢。

当然，如果能够在刘全胜提出离职之前，总裁给予更多的支持和关注，能够稳住刘全胜无疑是再好的。毕竟得力干将走了以后，多少会对公司造成负面影响，如果刘全胜去了竞争对手企业，这种影响更大了。从约束质控总监的角度来说，刘全胜走了以后，那种约束的力量就减弱了。人不能承受生命之轻，没有约束，对其本人也不是什么好事，对公司也是一种威胁。这个案例带给我们什么启示呢？平衡内部之间的关系很重要，厚此薄彼势必引起关键人才的流失，势必助长少数投机分子对团队的破坏。

案例三：C 企业深圳公司总经理刘小平离职

C 企业的总裁参加了北京大学 EMBA 研修班，在研修期间学了绩效管理的课程，他学到的精髓就是考核指标不能太多，有两到三个指标就足够了。于是，总裁回到企业照猫画虎，指导人力资源总监制定全公司的绩效管理方案，具体方法是这样的：

从员工的工资中拿出 40% 作为考核工资，而且分公司总经理的考核指标只有三项，销售收入、操作成本、应收账款。但是，公司销售目标定得太高，销售收入完不成。操作成本控制呢？基本上是总部掌控，分公司是被动的。所以，绩效得分都不高。而且，如果低于 60 分，40% 的绩效工资都拿不到。

深圳公司总经理刘小平考核之前的工资总额是两万元，然后从中拿出40%做绩效考核，也就是拿出8000元做考核工资，基本工资就只剩12000元了。由于绩效考核低于60分，另外8000元没了。一个月下来没了，两个月下来也没了，三个月下来还是没了，刘小平急了。他说我的工作跟去年相比，各个方面进步很大，但是你这样一考核，我的工资比去年每个月还少了8000元，每个月少了40%，这是变相克扣我的工资。所以，刘小平跟营销总监和人力总监都说不干了，要离职。

企业好不容易推行绩效考核，深圳公司总经理这样一闹，眼看推行绩效考核的事情就要黄了。可这次绩效考核是总裁亲自主导推行的公司变革，眼看就要黄了，怎么办？要么深圳公司总经理离职，要么绩效考核重来。

当时总裁非常生气，拍着桌子说不干就来总部办手续，谁敢跟我叫板，谁就到人力资源部去办离职手续。正好当时我也在，我是他们公司的顾问，于是把总裁叫到我的办公室，说："老板，这次你真错了，这叫学艺不精害死人，你连绩效考核的皮毛都没有学到，稀里糊涂整一套所谓的绩效考核，这样下去只会鸡飞蛋打，如果分公司总经理都离职，最后剩下你一个光棍司令，看你怎么玩。"我说，你给我两个小时，我先整理一下思维，两个小时之后我跟你讲一讲什么才是真正的绩效考核。后来我给他讲了三个小时，讲

了什么才是真正的绩效考核。老板当场拍板，说："胡老师，公司绩效考核全部交给你来主导，人也不开了，一切事情交给你来办，我们什么都听你的。"当时，我让他们6月暂停考核，7月正式实施新的绩效管理办法。

C企业在5月、6月，每个月的利润大概是50万元。7月推出新的绩效考核管理办法，这个月的利润90多万元。而且，在后续的几个月，基本上每个月都稳定在这个数字。最后，深圳公司的总经理留下来了，整个公司的绩效也起来了，这是C企业留住总经理的真实案例。

就这个案例而言，C企业做得好的方面就是老板能够知错就改，知道自己错了立即改正，这一点是我们所有企业家要学习的。因为人都不是圣人，企业家也有犯错误的时候，问题是如果知道自己错了，要能立即改正过来。有些企业家面子观念特别强，明明知道自己错了，但是还要遮遮掩掩，还要维护自己的面子。所以，C企业的总裁知错能改，这一点非常了不起。需要注意的是，企业家需要到外面多学习长见识，但是学习的时候需要学透，只有学透了才能回到公司落地实施。所以，职业经理流行一句话，说："天不怕地不怕，就怕老板出去学习有想法。"老板到外面学习，但是没有学精，回到企业开始胡整，这可不行。同时，我们需要给下属一个绩效目标，根据这个目标进行考核是对的。但是这个目标必须具有合理性，是下属经过一番努力之后够得着的。所以，绩效考核是一个不错的管理手段，但是，不管我们用什么手段，必须恰如其分，恰到好处。

案例四：D公司引进德邦总监张宽离职

D公司是一家区域性的物流企业，1992年成立至今已有20多年的历史。目前公司拥有员工500多人，一年的营业收入大概1.5亿元，是一个典型的家族式企业。D公司为了借鉴大公司的工作思路和方法寻求突破，重金诚聘德邦物流区域总监张宽担任营销总监。三个月以后发现，张宽在德邦工作有声有色，事业平步青云。但来到D公司才三个月时间，其他员工对他的工作方法与方式极不认可。骨干员工一致认为张宽只会生搬硬套德邦的东西，脱离企业实际情况，所以中坚力量认为此举是一个错误。

张宽原本雄心勃勃，一心想跟着D公司的老板共同创造行业的一个典范。但是，三个月的实践证明，这是他的一厢情愿。张宽一度陷入迷茫的尴尬境地，所以决定离职。D公司的老板也是一团雾水，不知道怎么办。因为张宽在德邦确实非常优秀，这是他经过长时间考察过的，而且是他重金聘请过来的。但是三个月之后，公司中坚力量反对，张宽也失去信心要离职。

面对张宽提出离职，留或者不留，这完全取决老板变革的决心。因为德邦正处在规范运作期，是一个规范运作和管理的企业，各项工作有严格的标准和程序，照章办事。而D公司呢？还处在规模增长期，处在人治阶段，什么事情老板说了算。当然，中小企业人治管理没有问题。但是，如果公司要做成一家很大的企业，年营业收入十个亿，甚至更多，员工几千人

以上的规模，如果依然是人治管理，那就比较麻烦。所以，必须变革，必须走上规范运作和管理的新台阶。问题就是公司变革就在此时吗？公司标准化、规范化建设就在当下吗？如果是，留住张宽，重用张宽，通过张宽推动公司变革，加速公司规范化的进度。因为此时你需要一个促使企业变革的死硬分子，而张宽经过德邦文化的熏陶和洗礼，潜意识就是标准化、规范化，他是最佳人选，肯定要带着公司朝这个方向去走。如果不是，让张宽去一个更好的发展平台也是两全其美的好事情，因为你变革的决心不坚定。倘若你举棋不定，对张宽来说是一种痛苦，对于企业来说是一种人力资源的浪费。最后，张宽还是走了。因为老板经过慎重考虑，认为现在不是变革的最佳时期，现在变革操之过急。所以，张宽离开了D公司。

D企业做得好的地方是在张宽的去留问题上，D公司还是有反省。经过深思熟虑，察觉现在并不是变革的最佳时机，所以批准了张宽的离职，既没有耽搁张宽的前程，也节省了人力成本，这是对的。需要改进的就是，如果从优秀企业引进高端人才，一定要考虑高端人才的匹配性。企业处在什么阶段、什么文化氛围、需要什么样的人才，我们在人才引进的时候必须有一个清晰的认识，否则就会出现D公司这样的情况。所以，企业家一定要知己知彼，在招聘的时候就要把好第一道关。

二、遵循留人之道

通过分享以上四个案例，我们对留住员工有了初步的认识，接下来探讨留住人才应当遵循的基本规律。老子在道德经里面说：“道生一，一生二，二生三，三生万物。”所以，三衍生万事万物，三也代表万事万物。在几何数学里面还有这样一个定律："周长为定值的三角形当中，等边三角形面积最大。"根据以上两个结论，任何事情我们可以提取其中彼此独立的三个核心要素，为什么只要提取三个核心要素呢？因为三衍生万事万物，三也代表万事万物。接下来用这三个要素构成一个三角形，这三要素要均衡，最好的办法是一个等边三角形。因为周长为定值的三角形当中，等边三角形面积最大。我们经常讲企业如何基业常青，如何持续赢利，也是由趋势、系统和人才三个核心要素决定的。这三个核心要素也有另外的一种提法，即天时、地利、人和。所以，天时、地利、人和三者之间最好是等边三角形的关系，因为它的面积最大，效果最好。

很多企业讲执行力，结果一讲执行力就搞得鸡飞狗跳。为什么呢？因为他们忽视执行力的三个维度，角度、力度和速度。从角度来说，至少要从纵向、横向、逆向三个核心角度去思考。从力度上来说，并不是一味地强势，而是要掌握火候，该强则强，该弱则弱，浓妆淡抹总相宜。第三个要素就是速度，速度也并不是一味地快，关键是要掌握节奏，掌握事情的先后顺序，掌握势态的跌宕起伏，顺势而为。总而言之，角度、力度、速度三个核心要素不能顾此失彼，这三个要素必须是一个等边关系。如果顾此失彼，结果就会适得其反。

我们经常说跟别人合作非常重要，企业家更应该

善于跟别人合作。但是，跟别人合作其实也是由喜欢、信任和需要三个重要因素决定的。其中喜欢也表现在文化与修养的融合、性格一致、和而不同这三个方面。另外一个是信任，彼此之间的信任。最后一个是需要，彼此都有需求，彼此都觉得对方有价值。三国时期的刘备非常懂得跟别人合作。如果从喜欢、信任、需要这三个维度来说，刘备对赵云出于喜欢，对关羽和张飞出于信任，对于诸葛亮出于需求。但是，从合作的效果来说，等边三角形的面积最大，效果最好。所以，如果刘备遵循这个原则，那效果就更加不一样了，甚至不会出现关羽大意失荆州的被动局面了。

如何留住企业人才同样需要结合这个原理，我们需要把决定员工去留的三个核心要素提炼出来，然后把这三个核心要素当作三角形的三条边。根据周长为定值的三角形当中，等边三角形面积最大的定律，这三个核心要素必须要放在同样重要的位置来考虑。哪些核心要素可以综合起来考虑呢？客户、员工、企业三个要素可以放在同一个三角形里面考虑；事业留人、待遇留人、情感留人可以放在同一个三角形里面考虑；情、理、法这三个要素可以放在一个三角形里面考虑。

我们先看如何把客户、员工、企业三个核心要素放在同一个三角形里面考虑。现在家具行业竞争很厉害，为了提高销量，动不动就请明星做代言。因此，某知名家具企业请了当红超级巨星做广告代言。但是，请当红巨星做广告代言这可要不少钱，一下子公司投入增加不少。但是，股东们不想从公司口袋里拿出这么多钱来，于是他们减少员工福利，压缩人工成本。比如公司有员工餐厅，规定每人每餐的标准是十块钱，现在减下来，每人每餐标准五块钱。公司 3000 多名员工，一天省下 15000 元，一个月省下 45 万元，一年省下540万元。原先每年有20%的优秀员工可以涨10%的工资，现在谁都不涨。如果谁要求涨工资，那对不起，要不就去找总裁签字，要不你爱去哪里就去哪里。请超级巨星做广告代言的钱就是这样挤出来的。

但是，企业、员工、客户三方利益需要平衡，这三方的关系只有在等边的情况下，不管是留住员工，还是企业经营的效果才是最好的。当然，在此之前，企业、员工、客户三方的利益是平衡的。但是这样做完广告以后就破坏了三者之前的平衡关系，这个三角形就不是等边三角形了，走样了。因为员工的伙食标准降低了，涨工资的事情压下来了，削弱员工的利益，这个三角形的稳定性就受到冲击了。此时员工心里就想："公司做广告，让我们受苦受牵连。"很多员工开始消极怠工，甚至辞职走人。尽管订单蜂拥而至，但是产品生产出不来。因为公司骨干人才都走光了，产能和品质上不来，结果又遇到瓶颈了，得不偿失。所以，公司、员工、客户三者利益要综合起来考虑，不能顾此失彼。

下面，我们再看看事业留人、待遇留人以及情感留人三者之间的平衡。有些企业家说，我要向刘备学习，跟员工搞感情，为什么呀？因为情感投入是不需要花什么钱的，装模作样忽悠忽悠就过去了。然后还搞什么呢？描绘愿景，给员工画饼。当然，诚挚的情感投入也是需要的，画饼也是需要的。但是，员工的待遇必须要考虑，因为员工是社会化的员工，在社会

化的大背景下，房价上涨，物价上涨，所有资源成本都在上涨。员工要生活，员工要养家糊口，家里的油、盐、柴、米、酱、醋、茶各项开支都必须有一个来源，来源就是工资，就是薪水。显然只讲感情，只是画饼也是不行的。所以，我们既要有情感的投入，也要给员工描绘企业美好的前途，同时，也要给员工适当的薪水，最好是比同行略高的薪水。我们回顾一下 A 企业杨莉为什么要离职，就是因为情感上疏远了，因为之前朝夕相处有一份情感在，现在经常不联系，情感上疏远了，所以就萌生去意。总而言之，事业留人，待遇留人，及情感留人这三个要素一定要综合起来考虑，一定要形成一个等边三角形，不能顾此失彼。因为等边三角形的面积最大，留人效果最好，绩效成果最佳。

在留人的时候，情、理、法这三个要素之间也要保持平衡。在新版的三国演义里面有这样一幅场景，许褚砍下许攸的人头，提着许攸的人头来向曹操汇报。一个是自己的心腹爱将，一个是自己的故友，破袁绍、取冀州立头功，一个非常出色的谋士。但是，心腹爱将许褚砍下了许攸的人头，提着人头来汇报，而且振振有词，觉得自己蛮有道理。假如你是曹操，该怎么办？

曹操当时非常气愤，责令武士将许褚拉出去斩首示众，太子曹丕和身边的文武大臣纷纷求情，但是曹操坚持自己的想法。后来荀彧谢策，从情、理、法平衡了各方的关系，巧妙地化解了曹操的纠结。首先，荀彧建议请陈琳为丞相歌功颂德，驳斥许攸，说许攸无中生有，痴人说梦，一派胡言。这样一来，在天下人面前保住了曹操的颜面。然后呢，厚葬许攸，表奏天子，追封许攸为当阳侯。无论什么时代，拜将封侯都是光宗耀祖造福子孙的莫大荣耀，是一件非常了不起的事情。所以，他又维护了曹操与许攸之间的关系。最后，从即日起，许褚从将军降为士兵，罚他去养马，三个月内不许喝酒，还得去许攸的坟前磕头认错。这个建议特别好，保住了爱将，也做到了息事宁人。因为如果依军法处置，许褚必须斩首示众，许褚必杀，但是曹操一心想饶恕许褚，也要告慰许攸的亡灵，而且还要维护有法必依、违法必究的军法威严。因此，最后曹操还编了一个理由，杀许攸罪不可恕，但念你醉酒过失，饶你不死。许褚是不是真的喝醉了酒呢？不见得。但是，曹操这样做的目的从情、理、法三个维度去平衡自己、许攸、许褚三个人的关系，荀彧谢策这三个尺度掌握得很好，所以曹操采纳了他的建议。

综上所述，留住人才需要避免顾此失彼，借鉴道生一、一生二，二生三，三生万物的原理，以及周边定长的等边三角形面积最大的定律，我们要找到最为关键的三个要素，掌握平衡法则。

三、他山之石，何以攻玉

留住人才有很多成功的典范，历史上有，现代企业也有。问题是别人这么做有效，我们适合吗？因此，笔者在这里罗列了几个经典的留人案例，如表 3－8 所示。各位读者不妨对照一下，看看他们的留人策略和方法我们是否可以借鉴，怎么去借鉴。

表3－8　　　　　　　留人经典案例

序号	留人经典案例	借鉴与否	为什么	注意事项
1	德邦物流1＋1亲情计划			
2	德邦物流，家庭全程无忧的福利计划			
3	华为人人持股			
4	加拿大ROSS公司的人性化管理			
5	……			

1. 德邦1＋1亲情计划

有这么一个故事：某人大学毕业参加工作后，每月1日都会准时往家里寄1000元给自己的母亲，风雨无阻。他的朋友不解地问："你为什么不一次性寄回去，何必每个月跑一趟呢？"这位大学生解释说："如果我一年只寄一次，我的母亲一年只会高兴一次；如果我每个月寄一次，我母亲每年可以高兴12次。"

中国传统文化百善孝为先，作为子女，我们就要孝敬父母。2008年，德邦物流董事长崔维星也从这个故事中得到感悟，开始思考员工如何尽到自己的孝心。崔维星首先考虑的是理货员、装卸工、司机和送货员。因为这些人基本上都是高中以下学历，老家都在农村，父母没有退休金，家庭不是很富裕。而且通过调查发现，父母在家里都有地，粮食没有问题，温饱没有问题，但是没有什么零花钱。

所以，崔维星就在想，能不能替员工往他家里寄些钱，比如让员工个人每月拿100元，公司再出100元，一共200元，公司就把这200元寄给他们的父母。如果这样，既能体现公司对员工的关怀，给予他们父母一份温暖，更能帮助员工尽一份孝道，这个举措非常符合中国人的管理理念。

2008年3月和4月，德邦开始在装卸工和司机当中试行“亲情1+1”行动。也就是员工个人每月拿100元，公司再出100元，一共200元，公司就把这200元寄给他们的家属，寄给他们的父母。这项工作非常烦琐，因为开始公司要通过很多银行转账，才能把钱寄到员工家属的账号上，后来才实现了跨银行之间的合作。但是，德邦物流“亲情1+1”行动效果非常好。后来调查发现，公司所有装卸工和司机没有一个不参加的，而且很多父母收到钱后还给公司写感谢信。试行成功后，2008年5月，“亲情1+1”行动面向全体员工实行，所有员工全部自愿参加。这个时候，德邦物流的基层员工，他们的稳定性和凝聚力就上来了。即使员工想跳槽，老爸老妈不同意，因为如果员工跳槽了，他父母每个月200元钱去哪里领呢?

通过“亲情1+1”行动，德邦还认识到让家属参与员工管理，可以提高员工对公司的认同感，这无疑是个好办法。于是，召开家属见面会、中秋送月饼、过年送好礼就成了德邦跟员工家属之间传统而有效的沟通方式，留人留心的方式。这是“1+1亲情”计划的延伸，显然它在德邦是非常成功的。

那么，我们公司是不是可以借鉴？如果借鉴，在具体操作时应注意哪些事项呢?

2. 德邦物流，家庭全程无忧

在德邦物流，公司为经理级及以上管理人员提供

全程无忧的家庭福利套餐，也就是公司给予经理级以上的员工，结婚贺礼1000元，生小孩贺礼3000元，然后每年给予2000元的小孩营养费补助。如果小孩上学了，幼儿园、小学、初中学每年给予2500元的学费补助，高中每年给予3000元的学习费补助，大学每年给予3000~6000元的学费补助。这样一来，特别是早些年，学费也没有现在这么贵，它在一定程度上减轻了员工的负担，也体现了企业的人文关怀。所以，德邦物流，家庭全程无忧在一定程度上留住了德邦的中坚力量，这种留住人才的效果还是蛮不错的。

那么，这种福利套餐对于贵公司来说适不适合呢？如果可以借鉴，具体操作的时候需要注意哪些事情？

3. 华为人人持股激励

1987年，华为成立了，当时只有20000元起家，到了2014年，华为全球销售收入2882亿元。华为仅用20多年时间实现了1400多万倍的增长，而且在两三年前已经是行业第一了。据报道，2015年上半年，华为的营业收入就已经达到了1759亿元，同比增长30%。华为在这么激烈的市场竞争中，在这么大的收入基数的基础上，竟然还能一如既往地保持高速增长，华为的人人持股无疑起到了一个推波助澜的作用。

在华为的股份结构当中，任正非只持有不到1%的股份，其他股份都由员工持股会代表员工持有。具体是怎么操作的呢？员工进入华为两年之后，根据其职位、表现及工作业绩等情况分配一定数额的内部股票，然后根据“入股自愿，股权平等，收益共享，风险共担”的原则，员工用自己的年度奖金购买内部股票。内部股票可以分红，而这种分红是工资与奖金之外的收入。

目前，华为由30%的精英员工集体控股，40%的普通员工有比例持股，10%～20%的新员工以及低级别员工适当参股。华为人人持股计划兼顾了各自在公司的价值，又顾及了各方的利益，形成了一个命运共同体。因此，华为的内部股票在职期间不可转让。员工如果离职，集团按照一定比例回购，回购部分一次性兑现，不管多少钱，也不管公司现在有没有钱，马上现金支付给你，这就是华为的人人持股。

显然，这种方式在华为来说，效果非常好，充分激发了员工的积极性，留住了大批优秀的员工。但是，华为的人人持股我们公司是不是可以借鉴呢？如果借鉴，我们要注意哪些事情呢？

4. ROSS的人性化管理

在加拿大，有一家生产箱包、鞋类的中小型企业，公司名称叫作ROSS，纯手工生产和销售世界知名的箱包和鞋类。这家企业有了将近百年的历史，规模不大，公司不到1000人，但是生产出来的箱包和鞋子品质相当不错，也特别有名。因为企业员工还不到1000人，所以不能给员工提供太多的发展空间。那么，这类稳健型的企业，他们是怎么样留住员工的呢？

当你走进这家公司，就会惊奇地发现有许多五颜六色的国旗。因为这家公司的工人来自世界各地不同的国家，公司为了表达对员工的尊重，以及对这个国

家的尊重，无论你来自哪个国家，公司就在工厂的操场上插上你这个国家的国旗。如果你去参观他们公司，即便走进老板的办公室，你可能找不到老板，即使找到老板，也可能不认识。因为ROSS公司的老板和员工融为一体，吃、住都跟员工在一起，穿也穿得一样。而我们的一些企业呢？老板经常花天酒地高消费，员工却吃不饱，睡不好。

他们的工作虽然有固定的班组，每个班组都有固定的岗位，但是，每个岗位的人不固定，随时都会调整，根据员工的爱好兴趣，由大家讨论决定。比如，一直以来我是做拉链这个岗位的，现在我对裁剪感兴趣，正好拉链这个岗位也有人来做，大家一表决都同意，那你就可以去做裁剪。总而言之，每个人并没有固定的岗位，随时可以轮换，根据员工的兴趣和意愿轮换，尽量满足员工的兴趣。

我们都提倡标准化、职业化，而这家公司讲究的是人性化。特别是在员工办公区域，每个员工都是根据自己的喜好进行布置，你的工位怎样感到舒服，你就怎样布置。总而言之，员工在一个非常舒服、自我陶醉的环境里面工作。所以，同一个岗位，但是，他们的工位布置千差万别，这都跟自己的喜好有关。

正因为这些人性化措施，员工相互之间的关系非常融洽，都乐在其中。所以，尽管这家公司的发展空间不大，但是员工队伍相当稳定。因为环境温馨，关系融洽，员工很有存在感。所以，他们都舍不得离开。

毫无疑问，这一留人策略在加拿大ROSS公司非常成功，但是，我们公司是否适合呢？如果借鉴，我们必须注意哪些事情呢？

我们讲了很多留人的案例，也讲了留人的等边法则。但是，他山之石，何以攻玉？人都是有需求的，有生存、安全、归属、尊重、自我实现五个层次的需求。而且每一个人所处的需求层次都是不一样的，当人们满足了低层次的需求，就会追求更高层次的需求。所以，企业在采取留人策略的时候，需要结合员工的情况，看员工目前处在哪一个层次，留人的策略和方法按需分配。并且，我们也要结合企业的个性、行业的特点、所处的阶段。总而言之，水无常态兵无常形，适合就是最好的。但是，留着员工一定要花心思，也要掌握一些窍门，比如说三边平衡法则，知名企业经典的留人方法我们也可以借鉴，但是不要生搬硬套。因为，如何留住员工，它就是找一双适合自己的鞋子，走出一条自己的路。

思考与练习

结合本单元学习内容，剖析企业在选、育、用、留四个环节当中存在哪些问题，如何改善。

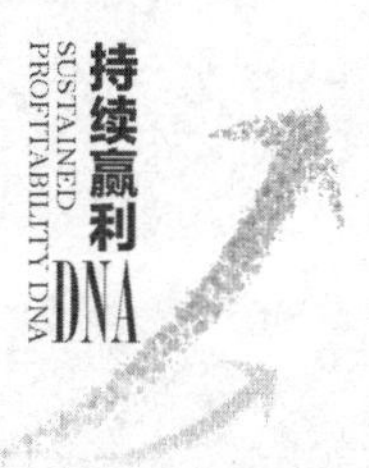

第四章 企业家的悟性修炼

《管子·牧民》中说："不务天时，则财不生；不务地利，则仓库不盈。"由此可见，天时和地利是初创企业取得成功必备的DNA。睿智的企业家无不擅长把握时机，然后建立持续赢利的运营平台完成原始积累。那么，在企业成长后期，如果没有"人和"就无法实现可持续发展。所以，还要精心打造人才竞争优势。

虽然我们在第一、第二、第三章把这三个问题进行了全面的阐述，应对现在的状态多少有些帮助，但未来还要看企业家的悟性修炼，还是要看企业家的悟性高不高。因为天时、地利、人和变化莫测，它是动态的，瞬息万变。所以，它需要企业家学会从纷繁复杂的环境中找到事物变化的根源，抓住变化的本质，具有未卜先知的能力。因此，这一章我们分享企业家悟性修炼的具体内容。

第一节 关于悟性的认知

餐饮行业有一家非常出名的公司，叫作海底捞，它成立于1994年，已经有了22个年头。这些年来，餐饮行业的竞争非常激烈，但是海底捞风风火火，一度成为中国餐饮业的新生力量。所以，黄铁鹰在2011年4月出版了一本书，书名叫作《海底捞你学不会》，这本书异常火爆。无巧不成书，2011年8月，杨铁锋又出版了一本关于海底捞经营管理的专著，叫作《海底捞你学得会》。

真有点意思，一个是《海底捞你学不会》，一个是《海底捞你学得会》，况且他们两个人都是商界名人。黄铁鹰是做过商人的学者，或者说是学者式的商人；杨铁锋是餐饮咨询和培训工作的资深人士，非常著名的管理咨询专家。因此，我借用两个相互矛盾的观点提出一个命题，海底捞究竟能不能学会？

海底捞究竟能不能学会呢？这要看人们的悟性，因为搞企业、做经营、学管理，它是一种高强度的智

力活动，不是对以往行为进行简单的重复，每一步都要深思熟虑，都要洞悉其中的商业逻辑关系，掌握事物变化的本质和规律。所以，只靠学是很难学会的，关键在于一个“悟”字，还要看企业家的悟性高不高。因为学到的只是知识，悟到的才叫学问。只有学问才能知行合一，才能举一反三发挥理论指导实践的作用。所以有人说“悟性”是心灵的闪光，是心智的飞跃。觉悟，使我们摆脱愚昧；醒悟，使我们走出懵懂；颖悟，使我们变得聪明；体悟，使我们理解人生；感悟，使我们学会深刻；解悟，使我们拉近真理；领悟，使我们掌握规律；顿悟，使我们迸发灵感；彻悟，使我们超脱豁达……

由此可见，“悟性”的高低决定了学问的高低，“悟性”的高低决定了人生机遇的好与坏，“悟性”的高低决定了成就的大与小。这就像孙悟空当年拜师学艺，师傅说：“我教你这个这个！”孙悟空问：“可得长生不老乎？”师傅说NO（不）！孙悟空摇摇头，说：“不学不学。”师傅继续说：“还教你这个这个！”孙悟空问：“可得长生不老乎？”师傅说NO！孙悟空还是摇摇头，说：“不学不学！”师傅一生气拍了孙猴子三下，把正门关上，背着手从侧门进去了。孙悟空回到家里，再现当时的情景，煞费苦心把所有的事情联系起来想了好几遍，反复推敲用心体会，胆大设想终于开悟了，半夜三更从侧门进。所以他的命运从此与众不同，这就是齐天大圣孙悟空。悟性人人有，它不立文字，不依理性，只可意会，无法言传，书不能尽言，言不能尽义，它是与规律的一种自然妙合，发问题之宗旨，感现象之根源。科学家发明创造，文学家吟诗作赋，艺术家独具匠心，都是在开悟之后即有所得。牛顿因苹果落地而得出万有引力定律，鲁班被齿草所伤而发明锯条，这是因为他们在对某一事物执着的追求，全身心地投入，才终有所悟的结果。如果有一天，你冥思苦想纠结企业的将来何去何从，正好也遇到一位特别欣赏你的高人，而又愿意为你指点迷津。有一天他也拍了你的肩膀，然后背着手也从侧门走了。你的命运能不能因此与众不同，你有没有这种悟性？

阿里巴巴的马云，一度成为亚洲首富。他的互联网思维，他的电商帝国始于悟，而非学。在 1995 年，马云作为翻译的身份随同前往美国。就在那时，马云一接触互联网就感受到电子商务时代的巨浪即将来临，就醒悟到了网络购物的巨大商机。回国之后，马云不固执、不迷信、不盲从，于纷乱中理清思绪，大彻大悟创办中国黄页，随后砸锅卖铁全身心地投入当时谁也搞不懂的电子商务。阿里集团从此诞生了，淘宝商城从此诞生了，一个世界级的企业从此降临了。由此可见，悟性高低决定了人生机遇的好与坏，悟性高低决定了成就的大与小。

什么是悟呢？悟字的左边是一个竖心旁，右边是一个吾字，所以，悟就是吾心动也。它需要我们对某一事物执着的追求，全身心地投入，让思想在冷静中飞跃、升华，才能终有所悟的结果。现在，我们学的东西够多的了，但是悟性却越来越少。在这里面，我们缺失了一个过程叫“悟”。孔子曾经说过，学而不思则罔，思而不学则殆，只学习却不思考，就会迷茫。所以，任何事情我们不仅要学习里面的基本概念与方法，而且还要有一个悟的过程，悟出其中的道

理，所以叫作“悟道”。

人们的悟性从哪里来呢？如图 4 - 1 所示，我们来看看。人们的大脑里有三样东西，一种叫感性，一种叫理性，一种叫灵性。我们会发现，悟性来自灵性，来自你的灵感。

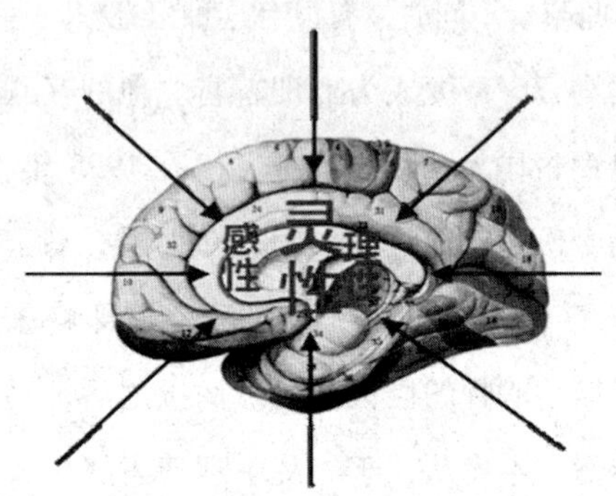

图 4 - 1　学知识形式

现在这个社会，科技水平越来越发达，信息传播越来越快，我们不停地往脑袋里面装东西。结果我们的知性越来越丰富，理性越来越发达，但是我们的灵性越来越衰退，我们的灵感一天天在退化。骆驼可以预知沙尘暴，蚂蚁可以预知暴风雨，有许多动物可以预知地震。而人类是万物之灵，但是，我们的灵性已经严重破坏，已经严重退化。手机的功能越来越强，但我们记忆电话的灵性越来越差，现在有些人连伴侣的电话都记不住了。人类发明了地理导航系统，人类记东西的本事是很厉害的，自从装了导航系统之后，很多开车的人就不认路了。人们的灵性就这样被彻底地扼杀，以后就离不开它了，很多地方你去过 N 次还是记不住。

再说我们的教育，也是非常注重往脑袋里装东西。我们学习历史的时候，经常会考这样一些知识，如成吉思汗是哪一年出生的，又是哪一年死的，死了又埋在哪里诸如此类的问题。各位读者，成吉思汗哪一年死的跟我们有什么关系呢？反正我们都活得好好的。我们学习企业经营与管理的时候，老师也是这么教的，华为当年是怎么成功的，苹果公司当年又是怎么成功的。请问，华为的成功，苹果公司的成功跟我们有什么关系呢？反正我们也不能再造一个华为，也不能再造一个苹果。如果只顾往脑袋里装东西，我们的灵性还有没有空间，还有没有位置，我们的灵性怎么去发挥？

我们再看看图4－2，生智慧形式。它不是往里面装东西，而是激发我们去发现事物的本质规律，激发人类的灵性，激发我们的灵感。我们经常会发现，如果脑子里装的东西太多了，以后再也装不下其他东西了。于是，有人提出空杯心态。先把以前的东西倒空，然后再装入新的知识。请问各位读者，今天我们读《持续赢利DNA》这一本书要不要保持空杯心态？如果你以前装的是人头马、路易十三，现在把它倒掉，我给你倒上一杯红高粱、一杯二锅头，有价值吗？所以，我们不能片面地强调空杯心态，不要只顾想着往脑袋里装东西，而是要激发大脑的灵性，提高我们的悟性。因此，大家可以批判式地看这一本书，甚至说：“书里面讲的内容毫不重要，只有自己悟出来的东西才是最重要的。”

我们再看看中国香港的教育，看看他们的考题，他们的考题就不一样。他们会考假如成吉思汗晚死五年，你预测一下，整个世界将会是一种怎样的格局？

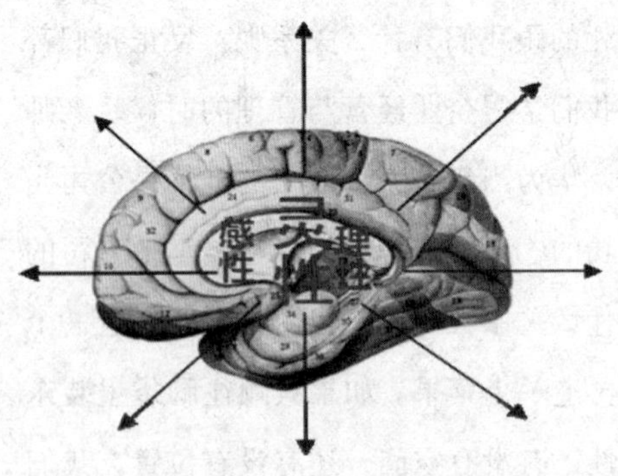

图 4－2　生智慧形式

假如成吉思汗晚死十年，你预测一下，整个世界将又是怎样的一种格局？前后两类问题一对比，真是一个问题就把人给整死了，一个问题就把人给整活了。因为只有发散性的考题才能激发大脑的灵性，才能激发人们的悟性。

目前，很多学校基本上还是采取填鸭式教育，老师照本宣科，学生死记硬背。最后，学生一个个考到了高分，有的还考到了状元，结果灵性没有了，悟性没有了，人变傻了。这是现阶段中国教育的典型情况。所以，我们要一反常态，要强调一个观点，那就是："智慧止于学，始于悟！"当然，不是说不要学，而是学完以后，不要死记硬背，学会思考激发我们的灵性，要去发散性地思考，悟出其中的道理，这才是我们真正要做的。

现在有很多当父母的非常希望自己孩子听话，希望按照自己的方式去折磨孩子。前一段时间，有一个老板和我聊天。他说："胡老师，现在我的企业干得不错，但有一个问题很头痛，就是孩子不听话。"我就问他孩子为什么不听话。他说："我认为中午好好睡一觉，下午才有精力去上学。孩子中午把门一关，不是在房间睡觉，而是在看武侠小说，你说气不气人？"

我就跟他互动了一下，说："你今年多大了?"他说我今年57了。我继续问："你身体还行吗?"他说我身体不好，三高。我又问："你到了中午会犯困吗?"他说还没到中午他就犯困。然后我又问："你孩子今年多大了?"他说我孩子今年13岁了。最后我告诉他，说："你知道吗？人的生理分为春夏秋冬四个季节，你已经到了冬天，你的孩子正是春天，精力充沛。你到了中午就犯困，需要冬眠，人家精力很充沛。"他说也对啊。我又问："你的孩子是男孩还是女孩?"他说是男孩。我说："是男孩看看武侠小说就对了。如果不看武侠小说，他怎么知道什么是行侠仗义？如果不看武侠小说，他怎么会有侠骨柔情？如果不看武侠小说，他怎么会产生丰富的联想？男孩看看武侠小说没有什么坏处，你不要逼他。年轻人是有逆反心理的，你越逼他，他越是不听话，你不逼他，或许他还不会出格。"

我们的灵性是怎么被扼杀的？下面有一幅卡通图片（见图4-3），图片上有一个小孩用弹弓打鸟玩。假如你是这个孩子的母亲，你的孩子整天就只知道用弹弓打鸟，你会怎么教育呢？大多数的母亲都会这样训斥道："你整天不好好学习，就只知道玩弹弓，以后不许玩弹弓，再玩弹弓我就揍你!"母亲说得理直气壮，好像母亲什么事情都是对的。但是你们知不知道，出生在50年代的许海峰，从小喜欢用弹弓打鸟，从小就不好好学习，就只知道玩弹弓。最后呢？中国第一个在奥运会上获得冠军的运动员，男子手枪60

发慢射的冠军就是他，就是这个许海峰。你有没有发现，如果妈妈们这么武断地教育孩子，孩子们的天赋就没有了，孩子们的灵性就没有了，有很多家长与老师就这样把孩子教坏了。

我错了，妈妈才是对的

图 4 –3　卡通图片

第二节
悟道的真谛

智慧止于学，始于悟。所以，每一个人都要提高自己的悟性，悟出万事万物存在的根源，悟出其中的逻辑关系和变化规律，这就是人们经常说的“悟道”。“悟道”到底要悟什么东西呢？悟天、悟地、悟人、悟自然，悟其中的两个字：法门。

什么是法门？先给大家解释一下，万事万物都有一扇门，这里就有一扇门，如图 4 –4 所示。

图4-4 门

我们把它分为门里和门外，在门里面有着无穷无尽的方法，但我们永远都在门的外面，总感觉不到门里的奥秘，总束手无策。比如说，有的企业家想学品牌推广，觉得品牌推广很难。其实，品牌推广并不难，只是没有找到品牌推广的法门。有的企业家想学绩效管理，觉得绩效管理很难，其实绩效管理也很简单，只是没有找到绩效管理的法门。有的传统企业想做互联网转型，认为传统产业的互联网转型很难，其实传统产业的互联网转型也不难，只是没有找到法门。

任何事物都有一扇门，把这个门找到了，我们就能找到无穷无尽的方法。所以，学任何事物，我们首先要透过现象看本质，找到这扇门在哪里。许多人到处学习企业经营，但企业经营搞得一塌糊涂。许多人到处学市场营销，但企业的市场营销却搞得一团糟。许多人到处学习建立持续赢利的运营平台，但是企业的内部运作搞得漏洞百出。这些人都没有找到法门在

哪里，都是站在门外学管理，都是站在门外学市场营销，都是站在门外学企业运营。所以，学习的第一件事就是找到法门在哪里。

接下来我们看一看到底什么是法门？源头、原理与原则即为法门。具体地说，法门就是追本溯源，找到万事万物的根源在哪里，然后悟出其中的本质和规律，掌握事物运作的基本法则，这就是万法之门。我们不管面对任何事物，不管是悟天、悟地、悟人、悟自然，都要追本溯源，找到事物存在的根源在哪里，然后悟出其中的本质和变化的规律，最后掌握具体操作的基本法则，这就是“悟道”的真谛。

中华民族有尚武情结，素有南拳北腿，武当、少林、峨眉等众多门派，所以我们从武术开始谈谈“悟道”的真谛。在中国近代史上有一个武术奇才，他是1940年出生于美国加州旧金山，祖籍广东顺德均安镇的李小龙。李小龙从小好动，自幼酷爱武术，七岁开始学太极，师从李海泉、梁子鹏、叶问、李峻九、肯尼·拉贝尔等世界级的大师。他博古通今，学贯东西，精通各门各派的武术。但是，真正让李小龙影响世界震撼武林的是什么呢？是他1967年创造的截拳道。截拳道一问世，年纪轻轻的李小龙成为了世界武道变革的先驱者、一代武术宗师、功夫片的开创者、好莱坞首位华人演员，从此影响世界震撼武林。

在精通各门各派武术秘籍之后，李小龙便有了成为一代宗师的博大情怀，试图创立一套融贯东西精髓的武术体系。怎么去创立这样一套武术体系呢？李小龙从小跟他的父亲李海泉学过吴家太极拳，对此印象特别深刻。所以，他就把太极图拿出来挂在墙上，天天看，天天琢磨，最后不经意间明白许多事理，领悟到了所有武术的本质和精髓，终于开悟了。

太极图是一个什么样子的呢？如图4－5所示，大家看看。

图 4-5 太极图

第一步，万法归一。李小龙发现所有武术，包括踢、打、摔、拿、击、刺等攻防动作构成套路，它的出发点和太极图非常相似。而太极图是古人长期观测太阳活动时记录的太阳活动规律图，其中太阳由南回归线往北回归线移动的过程，即冬至→春分→夏至太阳运动投影图为阳仪，表示春、夏二象；太阳由北回归线往南回归线移动的过程，即夏至→秋分→冬至太阳运动投影图为阴仪，表示秋、冬二象。这就是古人所说的太极生两仪，两仪生四象。太极图的圆道运动，来源于太阳的运动规律，也就是宇宙本体运动的规律，故太极图成为描述和解释各种物质运动大规律的理想图像。而武术竞技也是由攻与防、静与动、刚与矛两两对立的要素组成，犹如太极负阴抱阳。而且武术攻与防相生相克，犹如太极阴阳相生相克，生生不息，冲气以为和，这就是所有武术竞技的源头。李小龙通过琢磨太极图找到了所有武术流派的源头，阴阳相生相克，生生不息，这是“悟道”的第一步。

第二步，掌握转化的原理。所有的武术竞技项目都涉及一个转换的问题，但不是简单的你进我退，或者你退我进。在攻击之时，如果对手反击要及时防守；防守中发现对手有机可乘要及时反击，这就是攻防转换。如果没有良好的攻防转换能力，在进攻时很容易遭到对手的反击，防守时也会陷入被动，难以抓住时机进行反攻。因此，单纯的进攻和防守都好练，而且还要做到攻中带防，防中带攻，攻防兼备，攻击和防守灵活转换。不管攻也好，防也罢，都要刚柔相济，动静相宜，这也是一种转换。我们再来反观太极图，太极之妙，妙在鱼眼，妙在万事万物尽在其中。武术竞技修炼相当于在太极黑鱼中寻到白眼，在白鱼中找到黑睛。阴阳变转之始，起势中，上起之形如为白鱼，下落之意即为黑睛；变手时，下落之形若为黑鱼，上起之意就是白眼。所以，武术竞技的变化规律犹如太极中的阴阳转换，极度相似。

第三步，研究攻与防的基本法则。在武术竞技中有这样一句谚语，唯快不破。意思是快速的动作是极难应付的。当敌我对峙，能透过瞬间的接触，预断对手出拳的强弱与方向，又在这瞬间把信息传到大脑，在电光火石之间作出反应完成攻防动作。一个外来的信息传到大脑，一般需时0.02到0.1秒。再由大脑发出一个指令作出反应，一般需时0.1秒。经过长期攻防的反复训练，我们能预断敌我的尺寸和反应，提高响应速度。怎么训练呢？以人体内在的精神气质为基础，强调手、眼、身、步、精、气、力、功的高度协调和配合，从而体现阴阳平衡，天人感应、身心合一、心神兼备、内外双修的最佳效果。所以，攻也好，防也好，既要有厚重的力量，也要有闪电般的速度，快、准、狠，天人合一，这是武术搏击必须遵循的法则，也就是截拳道的法则。

遵循以上三个步骤，李小龙悟到了武术搏击的法门，悟到了武术搏击的源头、原理和原则。于是创立了截拳道，从此影响世界震撼武林。

如果各位读者仔细回想本书内容，我们不难发现，本书也是在引导企业家沿着追本溯源，找到企业持续赢利的原点，然后在此基础上掌握事物变化的规律和基本的原理，最后阐述应当掌握具体操作的基本法则和要领，以此来解决企业在各种复杂的环境下所面临的问题。企业是特定商业环境下的产物，离开了商业环境的支撑，企业将不复存在。所以，商业环境就像太极图外圈的大圆，它是太阳一周年运动的轨迹线，称黄道。在太阳系中，太阳的光气主宰万物，万物生长靠太阳，昭示太阳光气为天地间的元始之气，东汉刘歆称之为“太极元气”。我们不难发现，企业与商业环境因互动而存在，互动的过程同样是生产与供给、采购与销售、耗散与聚集等关系的对立和统一。作为企业家，我们要拥抱商业环境的变化，本着直击市场—拥抱变化—制造产品或者服务—优化团队—成就客户这样一套商业逻辑来经营企业。正因如此，企业家需要看透趋势，掌握未来商业环境的变化规律，具有快人一步抢占商机的 DNA。天道涵盖地道、人道，所以我们要找到持续赢利的市场，建立自主经营的运营体系，这是经营企业的地道。同时，我们要建立企业持续赢利的人才竞争优势，称之为人道。正如天道、地道和人道都有它的规律，所以企业

家需要找到天道、地道和人道的变化规律，按照规律经营企业开展工作，自然无往而不胜。

最后分享老子讲过的一句话：“治大国如烹小鲜。”无论什么事情，只要我们找到原点，找到源头，然后悟出其中的本质和变化规律，掌握具体操作的基本法则，顺势而为，无可不为。李小龙创立武术套路是这样，我们搞企业，搞管理也是如此，这就是悟道的真谛。

第三节 财富法门之旅

在网上有一篇文章，说史玉柱从负债2.5亿元到东山再起身价158亿元，总结出来十条原则，总结得非常到位。追求财富爆炸式增长，那是企业家们共同的追求与夙愿，但是，很多企业家找不到方向。

其实财富增长也很简单，不管是顺境，还是逆境，只要找到财富倍增的法门，找到财富倍增的源头，然后掌握财富倍增的本质和规律，顺势而为即可。

一、加油站的竞争游戏

如何找到财富倍增的源头，如何在源头上找到财富倍增的本质和规律呢？我们先看一个加油站竞争的游戏。

在马路的对面有两个加油站，同样的品牌，同样的产品和品质，同样的店面装修，总之内部情况都是一样。而且面对同样的客户，看看哪个加油站创造的财富最多？

决定财富收入的因素很多，但真正创造财富的多少却与竞争对手的定价策略有着密切的关系。为了简化游戏操作，规定双方的价格策略只有维持原价与提价两种。具体规则如下：如果双方维持原价，这一周内双方创造的财富都只有两万元。若双方同时提价，这一周内双方创造的财富都将增加到三万元，即共同受益。但是，如果仅一方提价，另一方维持原价，顾客将会走到对面价格低的一方去，使那边的顾客门庭若市，它的财富收入将增加到四万元。而提价的一方顾客望而止步，创造的收入跌到只有一万元。价格策略与财富收入的关系详见下表。

价格策略与财富收入的关系

定价决策		本周期财富收入（￥）	
甲站	乙站	甲站	乙站
原价	原价	两万元	两万元
提价	提价	三万元	三万元
提价	原价	一万元	四万元
原价	提价	四万元	一万元

本游戏共有四个调价周期，第一个周期给加油站两分钟讨论，第二、第三、第四个周期给各加油站一

分钟时间进行讨论并做出定价决策，各个加油站先讨论再表决。

游戏的最佳策略无疑是共同提价，但是，绝大多数人偏偏选择原价，而且一直选择原价。为什么呢？因为选择原价，最差也有两万元的收入，最好就有四万元的收入。如果选择提价呢？最好的结局是三万元的收入，最差却只有一万元的收入。总而言之，在不明白竞争对手怎么出价的情况下，选择原价可以创造更多的财富收入，大家都会选择原价。因此，与其说这是一个考验财商的游戏，还不如说它是一个测试人性本质的活动。

二、 关于人性的认知

关于人性的问题，千百年来饱受争议，很多人都在回避。但作为企业家，我们有必要去研究它。因为企业家不仅要审时度势、高屋建瓴、运筹帷幄，更要善于跟人打交道。但凡跟人打交道，必须要在了解人性的基础上采取相应的策略，设计相关的机制和制度。所以，我们不妨来研究一下人性的善恶问题。在西方，普遍认为人的本性是自私的，是恶的。在中国，人之性善、性恶的论辩已有2000多年，至今未有定论。

通过加油站的竞争游戏，我们不难发现，人都是趋利避害的，什么事情对自身有利，人们就会这样去做。在这里我再讲一个“如何才能有效运输犯人”的著名案例。

1770年，英国政府宣布澳洲是他们的领土，并积极着手开发澳洲。谁来开发这个不毛之地呢？澳洲本地的居民不多，只能靠移民。当时英国政府也在开发美洲，需要向美洲移民，大家乐意去美洲，却不愿意去澳洲这个不毛之地。于是，英国政府决定把关押在监狱里的囚犯向澳洲运送，这样既解决了英国监狱人满为患的问题，同时又给澳洲送去了丰富的劳动力。

一些私人船主承揽运送囚犯的工作。当时，那些运送囚犯的船只，大多数是一些破旧货船改装的，船上的设备非常简陋，没有药品，没有医生。船主为了牟取暴利，严重超载，导致船上的生存条件十分恶劣。有些船主为了降低费用，甚至故意断水断食。三年以后，英国政府发现，运往澳洲的犯人在船上的死亡率高达12%，其中最严重的一艘船死亡率竟然高达37%。英国政府花费了大量的资金，却没有实现大批移民的目的。于是，英国政府开始想办法了。

第一个办法，每艘船上派遣政府官员进行监督，派遣医生负责医疗卫生，同时对犯人在船上的生活标准作了硬性规定，但是结果依然很糟。要么，负责监督的官员和负责医疗卫生的医生被这些船主收买，滋生腐败。要么，负责监督的官员和医生被这些船主扔到大海，不明不白地死去。为什么会出现这样的情况呢？原因是这些船主为了贪图暴利贿赂官员，如果官员不同流合污，就被扔到大海里。如果官员同流合污，必然滋生腐败。结果是政府为了行使监督的责任，支付高昂的管理费用却照常死人，情况依然没有好转，死亡率依然高居不下。

因此，政府开始寻求新的办法，把船主都召集起

来进行教育培训，教育他们要珍惜生命，要理解开发澳洲的长远意义，不要把金钱看得太重。但是结果依然没有从本质上解决问题。

最后，英国有一个议员提出改变计算报酬方式。在此之前政府是按照上船的人数来计算酬金，上船多少人，政府就会支付船主多少报酬。后来，政府不再按照上船的犯罪人数付费，而按照实际到达澳洲下船人数付费，甚至还会有奖金。自从政府采取了这种措施之后，问题迎刃而解，效果立竿见影。因为这样一来，罪犯成了摇钱树，当然就不会虐待了。最后船上的死亡率降到了1%以下。

在利益的驱使之下，人们的良知容易瓦解，正义、教育和监督也难以派上用场。如果要从根源上解决这些问题，只有在基于人性本恶的基础上，建立惩恶扬善的机制和制度，依赖科学的游戏规则。《芈月传》一度很火，各大电视台都有热播，不少读者多少都看过。与其说这部电视连续剧反映芈月如何成为宣太后的传奇人生，还不如说是反映商鞅变法给秦国带来的影响。商鞅变法就是基于人性本恶的假说，提出了废井田、重农桑、奖军功、实行统一度量、建立郡县制、奖励耕织和战斗、实行连坐之法等一整套变法求新的发展策略，以利驱使，以法治国，结果秦国迅速崛起。经过商鞅变法，秦国的经济得到发展，军队战斗力不断加强，最终发展成为战国后期最富强的封建国家。

我们再看看关于人性认知的第二个要点，为什么管理者与被管理者，劳方和资方有着巨大的矛盾和分歧？原因就是每个人看自己都是善良的，都是无私的，动机都是纯粹的。如果换一个角度来看，可能恰恰相反。关于这个问题，我特意做了一个调查，调查那些存在矛盾的企业。调查结果显示，90%的企业家认为自己是非常无私的，很负责任很有担当。但他们认为，现在的员工真不像话，没有大局观念、心胸狭隘、自私自利，什么事情都只顾想着自己。甚至还有人责怪员工明知当下公司效益不好，整天不好好干活还吵着闹着涨工资，动不动闹情绪，动不动闹离职，责怪现在的员工不像话。而90%的员工都认为自己非常无私，有责任，有担当，而且他们认为老板咋地咋地，具体我就不细说了，你们懂的。对于以上问题，盖洛普公司也做了调查，最新调查显示：全球员工敬业的比例仅为13%，而中国远远低于世界水平，敬业员工只有6%。调查显示，中国员工对工作的投入程度，在各行各业和各种教育水平中，相差无几。比如本科学历7%的员工敬业，小学教育程度以下5%的员工敬业，两者差不多。即便是在高技术员工和管理者中，他们的敬业程度也很低，在8%左右。更有甚者，在销售和服务类员工当中，只有4%的员工真正积极投入工作，文秘和办公室员工的敬业程度最低，仅为3%。调查认为，敬业的员工会为公司带去赢利和创新，而消极怠工的员工反而会破坏敬业员工的业绩。也就是说，企业绝大多数的员工没有真正投入到工作当中去，这是多么大的浪费。于私于个人，浪费了时间，浪费了青春；于企业于社会，浪费了资源。

企业家最大心愿是期待每个员工都像自己一样，用心去工作，拼命干事业。而员工心里总想着多加薪、多发奖金、多放假、多休息，不行就跳槽。问题

到底出在了哪里？问题在于人性趋利避害的对立，人们都是从自身的利益得失进行决策，而无视他人的利益。如果从自身的角度看自己，都是正当的，都是理所当然的。但是，从相反的角度来看，却截然不同。总之，他们之间存在分歧和矛盾，貌似不可调和。如果这个问题不解决，聚财聚人在原点上就存在问题，在根子上就存在问题。

三、 遵循共赢原理

灵性生灵感，灵感生智慧。李小龙创立截拳道借鉴了一幅太极图，我们在此也借鉴太极图。人性的善恶、自私，或者无私，其实跟太极图也有惊人的相似，我们不妨好好地研究研究。

人有自私的一面，也有无私的一面；有善良的一面，也有丑恶的一面。这就像太极图里面的阴与阳，这个是相似的。阴与阳是变化的，是可以转化的。那么善与恶是否可以转化，自私与无私是否可以转化呢？如果能够转化，显然，人性利益上的矛盾就可以消除。

人们在追本溯源之时，经常会讲到万法归一。如果仔细研究这幅太极图，我们会发现，阴与阳虽然是对立的，但又是一个统一体，负阴而抱阳，浑然一体。同样，人性利益的对立怎么办？如果我们结成利益共同体、结成生命共同体、目标一致、利益共享共担，结果会怎么样？一荣俱荣，一损俱损。其实，这就是我们经常说的万法归一。万事万物，追本溯源都是同一个道理。

怎样才能结成一体呢？遵循共赢原理，大家在一起共创、共担、共享。诚然，共创、共担、共享的经营模式早就有了。500年前的晋商，首创山西票号的身股制就是典型的代表。身股制等级层次分明、体系完整，从 1 厘至 10 厘有 10 个等级，从 1 厘半至 9 厘半有 9 个等级，一共有 19 个等级，这对于已有身股和没有顶上身股的员工来说，都具有极大的吸引力和诱惑力。员工为了登高位、多项股份，无不努力工作。并且份额是根据业绩或贡献大小来决定提升的幅度。如果业绩不佳，就会原地踏步甚至减少份额。并且掌柜的身股数量由东家确定，伙计的身股数量根据复字号店规“每年按劳绩由东家和掌柜决定是否添加”。身股制以人为本，把东家利益、商号利益和员工利益有机结合起来，充分调动了员工积极性。用马荀的话说：“我现在不仅是为您干，也是为我自家干。”一下子让伙计树立了主人翁意识，个人利益与票号整体利益的关系更加紧密。

近几年合伙人经营模式风生水起，阿里巴巴、小米、万科、华为、海尔、韩都衣舍、碧桂园、龙湖、绿地等创新型企业都在尝试各种模式，都是以“利益共享”为核心，以激活员工为出发点的合伙人制度，即打造员工与公司形成利益、事业甚至命运共同体。其核心理念和思路就是“共创、共担、共享”，破解“为谁干”的激励难题，变“为公司干”为“为自己干”。

由此可见，企业从根源上解决管理者与被管理者，劳方和资方存在的矛盾和分歧，唯有共创、共担、共享，唯有遵循共赢原理。但是，很多企业家依然坚持固有的观念，依然打不开心结。如果我们仔细

研究“赢”字的构成，从中不难发现企业家迈出这一步有多么的艰难。这个赢字由五个字组成，这五个字各自有着深刻的含义。

第一个就是“亡”字。“亡”代表危机，代表生与死的考验。人们在幼儿园就学到了共赢的概念，但是，中国有一句古话，叫作利令智昏，很多人在利益面前就会变得昏聩不堪，不知不觉失去了共赢的慧根。怎样才能有慧根呢？扫除心中的偏见和杂念，达到心中无我的境界，然后在这个基础上建功立业。慧根靠学是学不来的，而是要靠悟。而悟就有一点麻烦，因为让一个人心动是不容易的，首先要经历生与死的考验。只有在生死关头才能悟出“唇亡齿寒”的危机意识，才能悟出置之死地而后生的共赢壮志，才能悟出破釜沉舟的共赢决心。所以，在企业效益好的时候，企业家往往没有共赢的慧根，反觉得自己英明，忘乎所以，不会跟员工共享胜利的成果。毋庸置疑，突然有一天企业的效益不好了，员工也不愿意共担风险。因为共创、共担、共享是连在一起的。

第二个是“口”字，而且这个“口”还放在中间，放在心脏的位置，意味着我们要心口合一，不能说一套做一套。在现实生活中，很多企业家就是心口不一，嘴巴上说共享共赢，但背地里却不一样。L 企业年薪 30 万元招了一个财务总监，老板承诺如果企业本年度的净利润超过 1000 万元，另外给 10 万元的年终奖。为了这 10 万元的年终奖，财务总监煞费苦心，不惜牺牲休息时间加班加点，通过财务成本分析、财务管理报表分析等为企业开源节流献计献策。因为大家齐心协力，当年公司净利润远远超过 1000 万元。但是，最后老板说今年业绩不达标，承诺给财务总监 10 万元的年终奖自然没有了。财务总监很气愤，找到我说：“胡老师，我是财务总监，公司净利润有多少我清清楚楚，老板可以骗其他员工，但是我是最清楚的，业绩没达标只是一个幌子，抵赖不给钱，我不干了。”其实，这样的企业老板在草根创业时代大有人在，说得非常动听，但口不对心，说了不兑现，结果民心尽失，最终受害的还是自己。

第三个是“月”字。“月”代表时间，代表我们必须要花时间去经营，花时间身体力行付诸实践。时间，让真诚的东西越来越真实，让虚幻的东西越来越虚假，让美好的东西越来越美妙，让丑陋的东西越来越难看。只有经历时间的历练，才会经受岁月的考验。

第四个是“贝”字。“贝”原本是货币的单位，但在这里的内涵非常丰富，包括金钱、人脉、技术、专利，甚至你的人品，这都是“贝”。所以“贝”代表你要为此付出很多宝贵的东西。有很多企业家业务能力特别强，但是利益格局不大，和别人合作患得患失，企业做不大。所以，做人要舍得，有舍有得，不舍不得，大舍大得，小舍小得，企业家要有奉献精神，愿意把自己的宝贵东西给他人。

最后一个“凡”字。“凡”代表平常心，表示对分享合作带来的成果要抱着一个平常心，不能把得失看得太重。月满则亏，水满则溢，得到中总会失去些什么，这是世之常理。所以，在与人相互合作的过程中，面对失去的利益我们应该平静如水，面对得到的东西我们应该处之泰然。

综上所述，构成“赢”的“亡、口、月、贝、

凡”五个字告诉我们，共赢是一种人生境界的修炼。但是，现实生活中很多企业家做不到，总是把眼前利益看得太重。因为他们没有经历过残酷年代，没有经历过内外的阵痛和煎熬，共赢哲学的内涵他们体悟不到。正如孟子所说：“故天将降大任于斯人也，必先苦其心志，劳其筋骨，饿其体肤，空乏其身，行拂乱其所为，所以动心忍性，增益其所不能。”

四、人性利益的 ABC 法则

经济学鼻祖亚当·斯密和宏观经济学之父凯恩斯提出了关于人性利益的 ABC 法则。

A 法则指出，几乎在任何情况下，每个人总是想以尽可能低的成本去获取尽可能多的个人利益，这是人性恶的表现。根据这一理论，员工在工作过程中，如果不能通过自己的努力获得尽可能多的个人利益，他就会丧失积极性，甚至不作为。这是人性使然，企业家该怎么做呢？

日本著名企业家稻盛和夫一生培育了两个世界 500 强企业，被誉为当代松下幸之助。稻盛和夫不仅是一位卓越的企业家，还是一位思想家，从企业家上升到思想家是他成功之本。稻盛和夫的经营哲学集中到一点，那就是“敬天爱人”。所谓“敬天爱人”，是指按照事物本身的发展规律做事，依照人们的本性做人，尊重规律，尊重人性。稻盛和夫强调要从“自我本位”转向“他人本位”，以“他人”为主体。这个“他”是指顾客、员工、社会和利益相关者，自己是服务于他人，辅助于他人。因此，既然稻盛和夫都如此尊重他人，我们就更应该尊重人性 A 法则，帮助他人以尽可能低的成本去获取尽可能多的个人利益。

因此，从企业活下去的根本来说，要给员工可观的薪水，要给股东惊喜的回报，企业经营需要耗费各种资源，这些东西只能从为客户提供产品和服务中得到回报作为补给。所以，企业在经营的过程中，务必瞄准市场，在细分领域中形成自身的技术优势、产品优势、平台优势，以及营销和管理实力，服务那些给企业创造合理利润的客户。而企业在为客户提供高品质、好服务的基础上，实现客户利益的最大化。利他者自利，我们帮助客户成功了，客户就会选择我们，我们因此得到合理的回报。我们帮助员工成功了，员工就会竭尽全力服务客户创造最高的价值，形成企业的竞争优势。所以，企业必须通过组织结构变革、机制创新、制度创新、信息化技术的运用等，大幅提高企业的运作效率、降低各种成本、减少冗余人员、掌握市场节奏，以此满足内部员工想以尽可能低的成本去获取尽可能多的利益（的心志），而且还要满足客户的期待。

在A法则的理论基础上，B法则认为："要确保员工在组织中通过努力获得尽可能多的利益，同时必须采取措施，迫使每个人用公平的成本获得个人的最大利益。"这意味着企业家要公正公平，确保员工在努力工作的前提下，他们的利益得到保障。企业需要引导员工按照规章制度努力工作，因此B法则是一双有形的手，必须防止不合理的、低成本的"欺骗"行为。它是整个组织有序地、长期地充满活力的保证。

在企业管理实践中，A 法则、B 法则必须同时使用，“两手都要硬”，这是亚当·斯密和凯恩斯的著名论断。人性利益的 AB 法则与中国的法家思想极其相似，中国古代法家认为，好利恶害，趋利避害是古往今来人人固有的本性，这种本性是不可改变的。正如法家代表人物荀子在《荀子·性恶》说：“目好色，耳好听，口好味，心好利，骨体肤理好愉佚，是皆生于人之情性者也。”因此，富国强兵就要惩恶扬善，依法治国，讲究诚信，法布于众，使万民知所避就，能够以法自诫，也能够监督官吏公开断案，防治罪犯法外求情。更重要的是，法家提倡不别亲疏，不殊贵贱，一断于法。法不阿贵，绳不挠曲，君臣上下贵贱皆从于法，王公大臣犯法与庶民同罪。古往今来，成功者都是人性大师，对人性的研究非常透彻，而且能够因势利导。秦孝公重用商鞅实行变法，奖励耕战，并迁都咸阳，建立县制行政，开阡陌，在加强中央集权的同时，不断增进农业生产。对外，秦与楚和亲，与韩订约，联齐、赵攻魏国都城安邑，拓地至洛水以东，自此国力日强，为秦统一中国奠定了基础。秦孝公的丰功伟绩，来自于他对人性的精准理解以及在此基础上所采取的各种有力的措施。

1987 年，任正非住在深圳的一个破棚屋里，四处筹借了 2.1 万元成立了华为公司。二十多年来，华为没有背景、没有资源、没有资本，从 6 名员工开始，一路过关斩将，把西方众多百年巨头纷纷斩落马下。

到了今天，华为已经成为了全球最大的电信设备商，服务全世界 1/3 的人口。2015 年，华为营业额近 4000 亿元人民币，是百度、腾讯、阿里三家公司 2014 年营收总和的 2 倍。2016 年，研究机构 Millward Brown（明略行公司）编制的全球 100 个最具价值品牌排行榜中，华为从 2015 年的排名第 70 位上升到第 50 位。今日华为的巨大成就，完全得益于任正非的人本管理用到了极致。

任正非的人才观就是企业要让价值创造者幸福，让奋斗者因成就感而快乐，绝不让懒人、让庸人占着位子不作为，绝不让混日子的人快乐。华为的薪酬制度本着“减人、增产、涨工资”的基本原则，把落后的人挤出去，让价值创造者有惊喜的回报。华为奉行不让雷锋吃亏的理念，提倡以奋斗者为本的“傻付出”，但是这种付出不是白付出，而是要让付出者有回报，升职加薪的发展机会向奋斗者倾斜。并且华为在此基础上建立了一套科学合理的评价机制，基于评价识别奋斗者，利益分配向冲锋陷阵的员工倾斜，价值分配以奋斗者为本。华为通过合理的分配机制，包括员工持股分红，提供业界有竞争力的薪酬，引导员工持续奋斗，激励奋斗者。当然，华为倡导以奋斗者为本不是不关心员工身体健康和办公条件的改善，而是要在不断改善工作和生活物质条件的基础上，思想上始终保持艰苦奋斗的精神，行动上一切以客户为中心，竭尽全力持续为客户创造价值。因此，华为的分配机制，正好体现了亚当·斯密和凯恩斯的著名论断，A 法则、B 法则必须同时使用，“两手都要硬”，正好符合中国法家思想。

C 法则是指个人的付出与所得到的利益之间是成正比的，但总是存在时间滞延。因此，作为企业家，要着力提高企业的生产力，必须尽量缩短时间的滞延，使员工在预期内获得应有的回报。同时，企业要

有愿景，要对员工进行愿景管理和教育，让员工感受到巨大的发展潜力。

我们都认为华为的成功有诀窍，但是任正非说：华为没有秘密，就一个字，“傻!”华为就是阿甘，认准方向，朝着目标，傻干、傻付出、傻投入。但是，华为以奋斗者为本的“傻付出”，是基于战略和长远发展的“傻投入”，最终企业和员工都得到“傻回报”。任正非说，华为随便抓一个机会就可以挣几百亿，但如果华为因短期利益所困，它就会在非战略机会上耽误时间而丧失战略机遇。所以，华为的“傻”，还体现为不为短期挣钱机会所左右，不急功近利，不为单一规模成长所动，敢于放弃非战略性机会，敢赌未来。敢赌就是战略眼光，就是聚焦于大的战略机会，看准了，集中配置资源于关键成功要素上，为此华为投入了世界上最大的力量去进行创新。但是，华为反对盲目创新，反对为创新而创新，华为倡导有价值的创新。因为没有技术创新与管理体系的“傻投入”，就不会有真正的产品与市场的竞争力，就只能靠低价和打价格战，华为就没有利润空间。因此，华为的产品价值观就是品质不好是耻辱，企业没利润可挣也是一种耻辱。

20 多年来，华为一路凯旋猛进，一路超越世界级的强大竞争对手朝着既定目标前行。正如中国人民大学彭剑锋教授所说，任正非最懂人性，最能洞悉人性的本质，真正了解人们的需求和欲望。任正非的很多管理思想和行为，包括华为的机制和制度设计，往往被人理解为对人性恶的假设，因势利导，通过机制建设和组织系统的优化，把人性的恶转换成持续为客户创造价值的驱动力，转换成持久为企业提高核心竞争优势的源泉。华为全体员工通过为客户提供有竞争力的解决方案获得可观的收入。这就是人性管理大师任正非基于人性善恶的认识，遵循敬天爱人的共赢原理，掌握了人性利益的ABC法则，典型的法家思想。

思考与行动

随着商业环境的急剧变化，企业持续赢利变得扑朔迷离。请结合本书内容，谈谈贵公司在持续赢利DNA方面存在哪些问题，将会有何调整和改善计划。

参考文献

[1] 八八众筹. 风口［M］. 北京：机械工业出版社，2015.

[2] 黄卫伟，等. 以奋斗者为本［M］. 北京：中信出版社，2014.

[3] 官同良，王祥伍. 借力咨询［M］. 北京：中华工商联合出版社，2016.

[4] 周鸿祎. 周鸿祎自述：我的互联网方法论［M］. 北京：中信出版社，2014.

[5] 菲利普·科特勒，凯文·莱恩·凯勒. 营销管理［M］. 13版. 王永贵，于洪彦，何佳讯，等译. 上海：格致出版社，上海人民出版社，2009.

[6] 陈春花. 中国营销思考［M］. 北京：机械工业出版社，2006.

[7] 柯林斯，等. 基业长青［M］. 真如，译，俞利军，审校，北京：中信出版社，2009.

[8] 彼得·圣吉. 第五项修炼 [M]. 张成林，译，北京：中信出版社，2009.

[9] 傅高义. 邓小平时代 [M]. 冯克利，译. 上海：上海三联书店，2013.

[10] 毛泽东. 毛泽东选集 [M]. 北京：中国人民出版社，1991.

[11] 洪生. 老板智慧用人 10 鉴 [R]. 中易浩富（北京）管理咨询有限公司，2014.

[12] 金焕民. 聚集中国企业“营销矛盾” [J]. 销售与市场：评论版，2010（6）.

[13] 铃木大拙. 悟性的提升 [M]. 孟祥森，译. 上海：上海三联书店，2013.

[14] 严正. 如何建立培训体系 [R]. 时代光华，2011.

[15] 陈威如，余卓轩. 平台战略 [M]. 北京：中信出版社，2013.

[16] 李新章. 突破利润增长瓶颈 6 步法 [R]. 中易浩富（北京）管理咨询有限公司，2015.